Transparenzgesetz für Rheinland-Pfalz

Rechtspolitisches Symposium
Legal Policy Symposium

Herausgegeben im Institut für Rechtspolitik an der Universität Trier
von Alexander Proelß, Thomas Raab und Gerhard Robbers

Band 18

Thomas Raab / Gerhard Robbers (Hrsg.)

Transparenzgesetz für Rheinland-Pfalz

Tagung anlässlich des 15-jährigen Bestehens
des Instituts für Rechtspolitik
an der Universität Trier

Bibliografische Information der Deutschen Nationalbibliothek
Die Deutsche Nationalbibliothek verzeichnet diese Publikation
in der Deutschen Nationalbibliografie; detaillierte bibliografische
Daten sind im Internet über http://dnb.d-nb.de abrufbar.

ISSN 1610-8906
ISBN 978-3-631-67185-6 (Print)
E-ISBN 978-3-653-06663-0 (E-Book)
DOI 10.3726/978-3-653-06663-0

© Peter Lang GmbH
Internationaler Verlag der Wissenschaften
Frankfurt am Main 2016
Alle Rechte vorbehalten.
PL Academic Research ist ein Imprint der Peter Lang GmbH.

Peter Lang – Frankfurt am Main · Bern · Bruxelles · New York ·
Oxford · Warszawa · Wien

Das Werk einschließlich aller seiner Teile ist urheberrechtlich
geschützt. Jede Verwertung außerhalb der engen Grenzen des
Urheberrechtsgesetzes ist ohne Zustimmung des Verlages
unzulässig und strafbar. Das gilt insbesondere für
Vervielfältigungen, Übersetzungen, Mikroverfilmungen und die
Einspeicherung und Verarbeitung in elektronischen Systemen.

Diese Publikation wurde begutachtet.

www.peterlang.com

Inhaltsverzeichnis

Vorwort 7

Thomas Raab
Begrüßung 9

Malu Dreyer
Grußwort 13

Michael Jäckel
Grußwort 21

Die transparente Verwaltung

Thomas Raab
Einführung in das Thema 27

Marion Albers
Rechtswissenschaftliche Perspektiven 33

Edgar Wagner
Rechtspolitische Perspektiven 45

Norman Koschmieder
Diskussion 57

Transparenzgesetz für Rheinland-Pfalz

Podiumsdiskussion: „Transparenzgesetz für Rheinland-Pfalz" 65

Thomas Raab
Resümee 89

Liste der Referenten 93

Das Transparenzgesetz Rheinland-Pfalz 95

Vorwort

Am 6. Januar 2000 wurde im Rahmen der „Bitburger Gespräche", die seinerzeit noch am Stausee in Biersdorf bei Bitburg stattfanden, das Institut für Rechtspolitik an der Universität Trier gegründet. Aufgabe des Instituts ist „die Förderung der Forschung auf dem Gebiet der Rechtspolitik sowie die Beratung auf allen Gebieten, die für die Rechtspolitik bedeutsam sind" (so § 2 Ziff. 1 der Satzung). Eines der zentralen Tätigkeitsfelder ist die wissenschaftliche Begleitung der „Bitburger Gespräche", des wohl nach wie vor wichtigsten und bekanntesten Forums zur Erörterung rechtspolitischer Fragen in Deutschland. Das Institut hat sich aber unter seinen Gründungsdirektoren Prof. Dr. Gerhard Robbers und Prof. Dr. Bernd von Hoffmann auch jenseits dieser – gemeinsam mit der Gesellschaft für Rechtspolitik organisierten – Tagungen zu einer national und international anerkannten Institution rechtspolitischer Forschung mit einer Vielzahl von Kontakten im In- und Ausland entwickelt. Sichtbarstes Zeichen hierfür sind die unter dem Titel „Rechtspolitisches Kolloquium" angebotenen regelmäßigen Vortragsveranstaltungen an der Universität Trier sowie die unter der Bezeichnung „Rechtspolitisches Symposium" veranstalteten größeren Tagungen zu aktuellen Fragestellungen der Rechtspolitik. Das breite Spektrum der Tätigkeitsfelder des Instituts sowie der hieraus hervorgegangenen Publikationen ist im vergangenen Jahr durch einen umfassenden Tätigkeitsbericht dokumentiert worden, der über die Internetseite des Instituts (https://www.uni-trier.de/index.php?id=38918) allen Interessierten zugänglich ist.

Das 15-jährige Jubiläum der Gründung des Instituts war Anlass für eine weitere größere Tagung. In Erinnerung an die enge nicht nur räumliche, sondern auch institutionelle Verbindung des Instituts mit dem Land Rheinland-Pfalz – so geht seine Gründung auf eine Initiative aus der rheinland-pfälzischen Landespolitik zurück – war die Tagung einer aktuellen rechtspolitischen Thematik auf Landesebene gewidmet, die allerdings nicht nur regionale Bedeutung hat, sondern einerseits von Entwicklungen in anderen Bundesländern beeinflusst ist und andererseits Ausstrahlungswirkungen über die Landesgrenzen hinaus entfalten kann: die geplante Neuregelung eines „Transparenzgesetzes für Rheinland-Pfalz". Die Tagung fand am

24. April 2015 in der Kapelle des ehemaligen Militärhospitals statt, die Teil des Campus der Universität Trier ist. Die Ansprachen, Vorträge und Diskussionen dieser Tagung werden im vorliegenden Band dokumentiert.

Danken möchte ich an dieser Stelle zunächst der Ministerpräsidentin des Landes Rheinland-Pfalz, Frau Malu Dreyer, die die Jubiläumstagung nicht nur durch ihre Anwesenheit beehrt, sondern in ihrer Ansprache wesentliche inhaltliche Impulse für die Diskussion gegeben hat. Dank gebührt ebenso dem Präsidenten der Universität Trier, Herrn Prof. Dr. Michael Jäckel, für das Grußwort, sowie den Referenten und den Mitwirkenden der Podiumsdiskussion, die in erster Linie für den inhaltlichen Ertrag der Tagung gesorgt haben. Zu danken ist zudem allen Teilnehmern der Veranstaltung, vor allem denen, die sie durch ihre Diskussionsbeiträge bereichert haben. Schließlich gebührt mein besonderer Dank den Mitarbeiterinnen und Mitarbeitern des Instituts für die vorzügliche Organisation der Tagung sowie die redaktionelle Betreuung des vorliegenden Tagungsbandes.

Die Veröffentlichung des Tagungsbandes bietet zugleich Gelegenheit, allen denjenigen zu danken, die das Institut seit seiner Gründung gefördert, begleitet und mit ihm zusammengearbeitet haben: den Mitgliedern der Gremien des Instituts für Rechtspolitik, den Vertretern des Landes Rheinland-Pfalz in Parlament, Regierung und Justiz, der Universität Trier, besonders den Mitgliedern des Fachbereichs Rechtswissenschaft, den Vertretern der Gesellschaft für Rechtspolitik sowie allen, die dem Institut in besonderer Weise verbunden sind, insbesondere den nationalen und internationalen Kooperationspartnern und Gastwissenschaftlern.

Im sechzehnten Jahr seines Bestehens setzt das Institut seine Tätigkeit unter neuer Leitung fort. Was zum Zeitpunkt der Tagung noch offen war, ist nunmehr geklärt. Prof. Dr. Alexander Proelß, Universitätsprofessor für Öffentliches Recht, insbesondere Völker- und Europarecht, an der Universität Trier, ist in den Vorstand des Instituts eingetreten und wird in Zukunft gemeinsam mit dem Unterzeichner das Institut leiten. Zugleich im Namen des neuen Co-Direktors möchte ich die Hoffnung zum Ausdruck bringen, dass dem Institut auch in Zukunft das Wohlwollen und die Unterstützung zuteil werden möge, ohne die eine fruchtbare Arbeit nicht möglich ist.

Trier, im Oktober 2015

Thomas Raab

Thomas Raab
Begrüßung

Sehr geehrte Frau Ministerpräsidentin, Magnifizenz, Spectabilis, sehr geehrte Kolleginnen und Kollegen, Kommilitoninnen und Kommilitonen, meine sehr geehrten Damen und Herren,
 ich heiße Sie zu der Jubiläumsveranstaltung des Instituts für Rechtspolitik hier in der Kapelle des ehemaligen französischen Militärhospitals herzlich willkommen. Das Institut für Rechtspolitik besteht seit nunmehr 15 Jahren. Es wurde seinerzeit auf Initiative des Landes Rheinland-Pfalz gegründet. Träger ist der privatrechtliche Verein Institut für Rechtspolitik, zu dessen Mitgliedern unter anderem das Land zählt. Es ist mir deshalb eine besondere Ehre und Freude, dass Sie, Frau Ministerpräsidentin, heute an der Veranstaltung teilnehmen und ein Grußwort sprechen werden. Ich darf aber auch die übrigen Vertreter der rheinland-pfälzischen Landespolitik begrüßen, die dem Institut traditionell auf besondere Weise verbunden sind, allen voran die Abgeordneten des rheinland-pfälzischen Landtags, unsere Ansprechpartner im Ministerium für Bildung, Wissenschaft, Weiterbildung und Kultur sowie die Vertreter der politischen Parteien in Rheinland-Pfalz.
 Das IRP ist ein Institut *an* der Universität Trier, also ein sogenanntes „An-Institut". Damit ist nicht nur die räumliche Nähe gemeint. Vielmehr besteht auf verschiedenen Ebenen eine enge Kooperation mit der Universität, die – so hoffe ich – nicht nur von Seiten des Instituts, sondern auch von der Universität als Bereicherung empfunden wird. Ich freue mich daher, dass die Leitung der Universität Trier mit dem Präsidenten, der gleich auch noch ein Grußwort sprechen wird, dem Vizepräsidenten und der Kanzlerin so prominent vertreten ist und auf diese Weise die Verbundenheit zum Ausdruck bringt. Ebenso herzlich begrüße ich den Dekan der juristischen Fakultät, Herrn Kollegen Rüfner, sowie zahlreiche Kollegen und Mitarbeiter aus dem Fachbereich Rechtswissenschaft sowie aus anderen Bereichen der Universität.
 Das Institut ist wie die Universität Teil der Stadt Trier und profitiert so von ihren mannigfaltigen Vorzügen. Erwähnt sei insoweit nur die Möglichkeit, Veranstaltungen in einer der vielen einzigartigen historischen

Räumlichkeiten der Stadt abzuhalten, etwa im Kurfürstlichen Palais, in dem das Institut bereits mehrfach Gäste zu Tagungen begrüßen durfte. Es ist mir deshalb eine besondere Freude, den neuen Oberbürgermeister der Stadt Trier, Herrn Leibe, sowie die Bürgermeisterin und Dezernentin für Bildung, Frau Birk, heute hier willkommen zu heißen.

Besondere Dankbarkeit empfinden wir an einem Tag wie dem heutigen natürlich gegenüber denjenigen, die das Institut in den vergangenen Jahren durch die Mitwirkung in den Gremien maßgeblich unterstützt und mit geprägt haben. Ich begrüße daher herzlich die Mitglieder des Kuratoriums und des Beirats des Instituts für Rechtspolitik. Gestatten Sie mir, dass ich dabei eine Person besonders hervorhebe: den Vorsitzenden des Kuratoriums des IRP, Herrn Staatssekretär a. D. Klaus Rüter. Er hat schon die Gründung des Instituts als Leiter der Staatskanzlei mit auf den Weg gebracht und dessen Arbeit auch in den Folgejahren maßgeblich begleitet und gefördert. Seit meinem Eintritt in das Institut war er mir stets ein wertvoller Gesprächspartner und Ratgeber, mit dem alle Fragen in einer offenen und von großem wechselseitigen Vertrauen geprägten Atmosphäre besprochen werden konnten. Ich würde mich freuen, lieber Herr Rüter, wenn Sie uns in dieser Funktion noch möglichst lange erhalten blieben.

Eine enge Kooperation verbindet das Institut seit seinen Anfängen mit der Gesellschaft für Rechtspolitik, dem Veranstalter der Bitburger Gespräche. Ein wesentlicher Teil der Arbeit des Instituts besteht darin, diese Tagungen, von denen seit Jahrzehnten wichtige Impulse für die nationale und europäische rechtspolitische Diskussion ausgehen, organisatorisch vor- und nachzubereiten, insbesondere die Herausgabe der Tagungsbände zu betreuen. Der geschäftsführende Direktor des Instituts wirkt darüber hinaus in den Gremien der Gesellschaft für Rechtspolitik bei der inhaltlichen Konzeption der Ausrichtung der Bitburger Gespräche mit. Ich freue mich daher besonders, dass der Vorstand der Gesellschaft heute fast vollständig vertreten ist und hierfür zum Teil weite Wege auf sich genommen hat. Ebenso herzlich begrüße ich die Mitglieder des Präsidiums der Gesellschaft.

Wie die meisten von Ihnen wissen, befindet sich das Institut derzeit in einer Phase des personellen Umbruchs. Keiner der beiden Gründungsdirektoren, die die Arbeit des Instituts in den letzten 15 Jahren geprägt haben, ist mehr aktiv für das Institut tätig. Herr Kollege von Hoffmann ist Ende 2011 verstorben. Als sein Nachfolger bin ich im Dezember 2012 in die Leitung eingetreten. Herr Kollege Robbers ist im November des vergangenen Jahres dem Werben unserer Ministerpräsidentin erlegen, was ich persönlich gut nachvollziehen kann, als Co-Direktor aber natürlich sehr bedauert habe. Sein neues Amt als Staatsminister der Justiz hat es ihm unmöglich gemacht, schon heute Morgen anwesend zu sein. Er wird aber gegen Mittag zu uns stoßen. Die Überlegungen und Gespräche in den Gremien des Instituts hinsichtlich der Nachfolge von Herrn Robbers sind in vollem Gange. Wir hoffen, dass wir in wenigen Wochen das Ergebnis dieser Überlegungen präsentieren können.

Als Herr Robbers und ich im vergangenen Jahr überlegt haben, ob wir das 15-jährige Bestehen des Instituts mit einer besonderen Veranstaltung begehen wollen, lag es natürlich nahe, wie bereits zum 10-jährigen Bestehen eine besondere Tagung zu organisieren, die sich einem rechtspolitischen Thema widmet, das einen besonderen Bezug zum Land Rheinland-Pfalz aufweist. Dabei kam relativ schnell der Gedanke, sich dem schon damals in Vorbereitung befindlichen Projekt eines Transparenzgesetzes zu widmen. Dass wir mit der Tagung zeitlich mitten in die aktuelle Diskussion des Gesetzentwurfes stoßen würden, war damals noch nicht abzusehen. Umso mehr freue ich mich aber, dass die Chance besteht, mit den Ergebnissen der heutigen Diskussion noch den einen oder anderen Anstoß für die parlamentarischen Beratungen geben zu können.

Die Voraussetzungen für eine anregende Diskussion sind jedenfalls mit Blick auf die Redner, Referenten und die Teilnehmer der Podiumsdiskussion gegeben. Frau Ministerpräsidentin Dreyer wird es sich – so vermute ich wenigstens – sicher nicht nehmen lassen, in ihrem Grußwort einige Gedanken zu dem Vorhaben zu formulieren, das ihr – wie allgemein bekannt ist – auch persönlich am Herzen liegt. Herr Wagner ist als Landesbeauftragter nicht nur für den Datenschutz, sondern auch für die Informationsfreiheit des Landes Rheinland-Pfalz nicht nur von Berufs wegen, sondern auch aus Überzeugung ein Förderer des Zugangs der Bürger zu Informationen der öffentlichen Verwaltung. Frau Kollegin Albers von der Universität Hamburg beschäftigt sich seit langer Zeit wissenschaftlich mit Fragen der Informationsfreiheit und bringt darüber hinaus die Erfahrungen mit dem Transparenzgesetz der Stadt Hamburg, das in gewisser Weise Pate der rheinland-pfälzischen Regelung ist, ein. Frau Katharina Raue ist Abgeordnete des Landtags und rechtspolitische Sprecherin der Fraktion BÜNDNIS 90/Die Grünen, denen das Thema Transparenz der öffentlichen Verwaltung stets ein besonderes Anliegen gewesen ist. Herr Dr. Rolf Meier ist als zuständiger Abteilungsleiter im federführenden Innenministerium einer der Väter des Gesetzentwurfs. Frau Sylva Gäbler wiederum wird als Geschäftsführerin der IHK Trier die Sichtweise der Privatwirtschaft einführen, die sich im Vorfeld durchaus skeptisch bis kritisch zu dem geplanten Vorhaben geäußert hat. Die Leitung der Podiumsdiskussion liegt in den bewährten Händen von Herrn Dr. Christian Rath, rechtspolitischer Korrespondent für verschiedene Tageszeitungen und Mitglied der Justizpressekonferenz, der die gleiche Aufgabe bereits anlässlich der Podiumsdiskussion zum Verhältnis von Bundesverfassungsgericht und Gesetzgeber im Sommer vergangenen Jahres übernommen hatte. Allen Mitwirkenden gilt schon jetzt mein herzlicher Dank. Und nun freue ich mich auf eine interessante Tagung mit spannenden Diskussionen, und darf Sie, Frau Ministerpräsidentin, und Sie, Herrn Präsidenten Jäckel, um Ihre Grußworte bitten.

Malu Dreyer
Grußwort

Meine sehr verehrten Herren, meine sehr verehrten Damen, lieber Herr Professor Raab, lieber Herr Präsident Jäckel, lieber Herr Dekan Rüfner und lieber Herr Staatssekretär a.D. Klaus Rüter, liebe Kollegen und Kolleginnen des rheinland-pfälzischen Landtags, lieber Herr Oberbürgermeister, liebe Frau Birk und natürlich auch lieber Herr Wagner.

Ich freue mich sehr über die heutige Einladung. Es ist ein Herzensanliegen von mir, aber auch dieser Koalition, das Transparenzgesetz auf den Weg zu bringen und deshalb freue ich mich sehr, dass Sie das Transparenzgesetz zum Mittelpunkt ihrer Jubiläumsveranstaltung gemacht haben. Das ist für uns eine große Ehre und wir sind gespannt auf die heutige Diskussion. Bevor ich allerdings in medias res gehe, möchte ich gerne ein paar Sätze zum Institut für Rechtspolitik sagen. Ich will Sie beglückwünschen zu 15 Jahren toller wissenschaftlicher Arbeit, die immer auch Impulsgeber in unserem Land war. Das Institut bietet aus meiner Sicht die Chance, gesellschaftspolitische Fragen vor rechtlichen Rahmenbedingungen miteinander zu besprechen und vielleicht auch die Frage zu stellen, wo sich eigentlich Recht hinbewegen muss, um auch noch der Gesellschaft gegenüber gerecht bleiben zu können. Sich dieser hochspannenden Frage widmen zu können, ist eigentlich ein Luxus, den sich die Wissenschaft gönnen darf oder auch muss. Wir in der Exekutiven haben dann die Freiheit und die Möglichkeit zu lesen, zu hören, mitzuwirken, was die Wissenschaft uns zu sagen hat, um diese Gedanken dann möglichst auch in unsere Politik einfließen zu lassen. Es ist eine Bandbreite von Themen, der Sie sich in der Vergangenheit gewidmet haben. Nur ein paar Titel, die ich besonders spannend fand: „Kunst und Recht", „Herrschaft und Medien", „Datenschutz im Arbeitsverhältnis" oder auch „Mord im ‚Namen der Ehre' zwischen Migration und Tradition".

Es gibt viele weitere Themen wie die Energiewende, die Sie bei den letzten Bitburger Gesprächen behandelt haben, die deutlich machen, dass das Institut sich immer mit gesellschaftsrelevanten Themen befasst – stets unter der Fragestellung: Was hat die Rechtswissenschaft eigentlich zu diesen wichtigen Themen zu sagen? Lieber Herr Raab, Ihnen und Ihrem Team alles Gute für die nächsten 15, 20, 30 Jahre. Dieses Institut ist im Sinne der Landesregierung und es tut uns immer wieder gut zu sehen, dass sich Wissenschaftler fundiert mit politischen Fragestellungen auseinandersetzen. Das ist gut für uns alle. Meinen herzlichen Dank an all diejenigen, die in der Vergangenheit mitgewirkt haben und in der Zukunft an dieser wertvollen Arbeit mitwirken werden.

Natürlich freut es mich besonders, dass das Transparenzgesetz heute im Mittelpunkt des Jubiläums steht, denn Rheinland-Pfalz ist das erste Flächenland, das es überhaupt wagt, ein Transparenzgesetz auf den Weg zu bringen und deshalb freue ich mich darüber, dass ich ganz kurz etwas dazu sagen darf und sagen kann. Wir haben schon im Koalitionsvertrag der Landesregierung im Jahr 2011 festgelegt, dass wir das Landesinformationsfreiheitsgesetz und das Landesumweltinformationsgesetz zusammenführen möchten. Das ist eine wichtige Anmerkung, weil ich auch in Gesprächen immer wiederfestgestellt habe, dass viele Fragen, die im Moment aufgeworfen werden, die in unserer Landesverwaltung bereits beantwortet werden, insbesondere den Kernbereich der exekutiven Eigenverantwortung betreffen.

Das reichte uns aber nicht. Mir war besonders wichtig, dass wir ein Gesetz auf den Weg bringen, das darüber hinausgeht und das Recht auf Zugang zu amtlichen Informationen erweitert. Mit anderen Worten: Ein Gesetz, das die Vorzeichen von Verwaltungshandeln auch wirklich verändert. Bisher haben Bürger und Bürgerinnen die Möglichkeit, ihren Anspruch auf Zugang zu Informationen durch einen Antrag geltend zu machen. Und Sie als Juristen wissen ganz genau, dass im Grunde ein Verwaltungsakt notwendig wird, bis die Frage geklärt ist, ob diese Auskunft überhaupt erteilt wird oder nicht. Damit ist inzwischen viel Routine verbunden, aber auch viel Aufwand. Mit dem Transparenzgesetz wird die Verwaltung nun in die Pflicht zur aktiven Veröffentlichung von Informationen auf einer elektronischen Plattform genommen, nämlich durch den Aufbau einer Transparenzplattform. Dort stellt die Verwaltung in Zukunft Daten zur Verfügung und wir nutzen natürlich auch die Möglichkeiten der Digitalisierung, um die Entscheidungen von Politik und Verwaltung nachvollziehbar zu machen. Es geht aber eigentlich um viel mehr: Bürger und Bürgerinnen erhalten mit der Transparenzplattform einen schnellen und unkomplizierten Zugang zu Informationen. Dadurch verbessern sich auch die Möglichkeiten von Bürgern, mitzureden und wir sind davon überzeugt, dass sich dadurch Teilhabechancen erhöhen und damit auch ein wichtiger Beitrag zur Demokratie geleistet wird. Das Transparenzgesetz ist für mich auch ein ganz konkreter Schritt, die Bereitschaft der Rheinland-Pfälzer und Rheinland-Pfälzerinnen zu bürgerschaftlichem und demokratiebildendem Engagement zu unterstützen. Die Landesregierung greift damit eine wichtige Empfehlung der Enquetekommission auf, deren Vorsitzende, Frau Schellhammer, heute auch unter uns ist. Die Enquetekommission begründet ausführlich, wie wichtig es ist, ein solches Transparenzgesetz auf den Weg zu bringen. Ich bin sehr froh und dankbar dafür, dass der Landtag zu diesem Ergebnis gekommen ist und wir als Landesregierung sind auf dem Weg, genau diese Anforderung zu erfüllen. Um noch einmal einige Grundsätze zu nennen: Dadurch, dass die Informationen und Daten jetzt gebündelt auf der Transparenzplattform zur Verfügung gestellt werden können, sind sie natürlich ohne Begründung und auch anonym für alle Bürger und Bürgerinnen abrufbar. Der Zugang zur Transparenzplattform ist gebührenfrei und wir haben auch vor, sie mit einer Suchfunktion auszustatten, sodass die gewünschten Daten für die Bürger und Bürgerinnen sehr schnell und gut abrufbar sind. Es soll darüber hinaus eine Rückmeldefunktion geben, damit die Nutzer und Nutzerinnen die Möglichkeit haben, Informationen zu bewerten oder auch Mängel aufzuzeigen und wir wiederum als Verwaltung die Möglichkeit haben, uns weiterzuentwickeln. Denn mit dem Transparenzgesetz betreten wir unbekanntes Terrain und es wird auch ein lernender Prozess für uns sein.

Die Daten sollen schrittweise in einem Format bereitgestellt werden, das eine Wiederverwendung und auch eine automatisierte Weiterverarbeitung ermöglicht. Das Datenformat soll frei zugänglich sein und anerkannten Standards entsprechen. Auch das ist für uns logisch und sinnvoll. Wir wollen natürlich, dass mit den Daten auch etwas getan wird. Wir wünschen uns beispielsweise, dass junge Start-Ups Lust haben, mit unseren Daten Apps zu entwickeln. Es macht nur Sinn, Daten zur Verfügung zu stellen, mit denen man auch etwas anfangen kann. Die Nutzung und die Weiterverwendung für den nicht-kommerziellen Gebrauch wollen wir auch weitestgehend gebührenfrei zur Verfügung stellen. Aber es ist auch ganz klar, dass diese Regelungen nicht alle Daten betreffen, über die die Verwaltung verfügt.

Die Erhebung spezieller Daten wie zum Beispiel Geodaten ist besonders aufwendig und daher auch sehr teuer. Um diese entsprechend aufzubereiten, werden wir wegen der Schuldenbremse und knapper Kassen auch in Zukunft Gebühren erheben müssen.

Lassen sie mich einen Punkt erläutern, der im Zusammenhang mit dem Transparenzgesetz immer wieder angesprochen wird und uns sehr wichtig ist. Transparenz heißt natürlich nicht gläsern. Das ist ein Unterschied. Der Schutz von personenbezogenen Daten, von Betriebs- und Geschäftsgeheimnissen oder auch der Sicherheitsinteressen des Landes sind Belange, die Ausnahmen zum Transparenzgrundsatz erfordern. Hier ist gegebenenfalls zwischen öffentlichem Informationsinteresse und entgegenstehenden Belangen abzuwägen. Auch der so häufig diskutierte Kernbereich exekutiver Eigenverantwortung gehört für mich ganz klar zu den schutzwürdigen Bereichen. Ich will mit dem Transparenzgesetz die Entscheidungen von Politik und Verwaltung für Bürger und Bürgerinnen nachvollziehbar machen und ich will dadurch auch einen Kulturwandel herbeiführen und einen neuen Politikstil umsetzen. Aber Politik muss auch die Möglichkeit haben, im geschützten Raum Überlegungen anzustellen, verschiedene Vorgehensweisen gegeneinander abzuwägen und manches gegebenenfalls auch zu verwerfen. Das ist schon schwierig genug in der heutigen Zeit, weil wir in einer Medienwelt leben, in einer Öffentlichkeitswelt leben, in der ganz viele Informationen eigentlich schon vor Abschluss dieser Überlegung auf ganz verschiedenen Wegen an die Öffentlichkeit gelangt sind. Gleichzeitig ist allen, die aktiv sind, die politisch verantwortlich sind, ein Kernbereich der politischen Willensbildung auch wichtig.

Bürgerbeteiligung ist mir und uns allen in der Koalition ein besonderes Anliegen und deshalb haben wir uns beim Transparenzgesetz vorgenommen, von Anfang an die Teilhabemöglichkeiten der Menschen als Musterbeispiel zu gestalten. Daher haben wir in der Landesregierung beschlossen, dass wir dem Transparenzgesetz, bevor das reguläre Gesetzgebungsverfahren im Parlament beginnt, einen Beteiligungsprozess, ein Beteiligungsverfahren vorschalten. Damit sollte die Öffentlichkeit umfassend über die Inhalte des Transparenzgesetzes informiert und für das Thema sensibilisiert werden. Selbstverständlich war es uns auch ein Anliegen, die Kompetenz der Bürger und Bürgerinnen und Bürger und besonderer Zielgruppen von Anfang an mit einzubeziehen. Um auch hier Missverständnissen vorzugbeugen: Es ging nicht darum, die parlamentarischen Beratungen des rheinland-pfälzischen Landtags durch ein Beteiligungsverfahren zu ersetzen oder ihnen vorzugreifen. Ich möchte einfach nur Impulse, Hinweise und Empfehlungen aufnehmen und das Gesetzgebungsverfahren dadurch bereichern. Lassen Sie mich das Beteiligungsverfahren vielleicht noch mal ganz kurz darstellen. Es hat am 19. Februar 2015 mit der Auftaktveranstaltung begonnen und am 11. Mai 2015, also vor wenigen Tagen, geendet. Die Auftaktveranstaltung war gleichzeitig der Start für die Online-Beteiligung, die jedem Bürger und jeder Bürgerin die Teilnahme ermöglicht hat. Es gab mehrere Themen-Workshops in diesem Zusammenhang sowie eine Bürgerwerkstatt. Unter verschiedenen Aspekten wurde der Gesetzentwurf entsprechend diskutiert. So ging es unter anderem darum, welche Daten auf der Transparenzplattform veröffentlicht werden sollen, was eigentlich zu den Bereichsausnahmen gehört und ob es überhaupt Bereichsausnahmen geben soll. Auch die Frage, wie man von der Transparenz zur Teilhabe kommen kann, wurde diskutiert. Ebenso haben wir natürlich mit besonders betroffenen Zielgruppen gesprochen. Dazu gehören auch die Mitarbeiter und Mitarbeiterinnen der Landesverwaltung. Wir sind uns bewusst, dass die Umsetzung des Transparenzgesetzes für sie eine sehr große Herausforderung darstellt. Auf der einen Seite sprechen wir von einem Kulturwandel im Verhältnis zwischen Bürgern und Staat, auf der anderen Seite kann natürlich nicht per Gesetz verordnet werden, dass ab heute alles anders ist. Man muss in diesem Prozess auch die Menschen mitnehmen. Das sei an dieser Stelle auch noch einmal klargestellt, denn einer der häufigen Kritikpunkte ist ja, es sei alles zu teuer und eigentlich unnötig: Hier vertrete ich als Ministerpräsidentin eine klare Position. Wir leben in einer Zeit der Digitalisierung und es ist schlicht und ergreifend nicht vorstellbar, dass in zehn Jahren eine Verwaltung so arbeitet wie heute. Und wenn Bürger und Bürgerinnen sich inzwischen längst – 70 % der Bevölkerung in Rheinland-Pfalz sind online unterwegs – daran gewöhnen, dass die digitale Welt ihnen neue Chancen bietet, können wir als Verwaltung nicht so tun, als hätten wir mit dieser Welt nichts zu tun. Die Einführung der elektronischen Akte und die Einführung der Transparenzplattform kosten selbstverständlich Geld. Aber es geht gar nicht anders, erst recht nicht in einer Zeit des demographischen Wandels, als dass wir uns als Verwaltung auf den Weg machen, diese Entwicklung mitzugehen und deutlich zu machen: Auch wir stellen uns modern auf. Wir bieten Bürgerservice in der Zukunft, der zeitgemäß und eben nicht mittelalterlich ist. Auch Verwaltung hat die Aufgabe, sich zu reformieren und immer wieder einen Schritt weiter nach vorne zu gehen. Insofern sichere ich auch unseren Mitarbeitern und Mitarbeiterinnen immer wieder zu, dass wir gemeinsam diesen Prozess gestalten werden. Natürlich ist es eine Umstellung, irgendwann nicht mehr mit Papier zu arbeiten, sondern alles nur noch über den elektronischen Weg zu beschreiten. Wir werden Schritt für Schritt diesen Prozess miteinander gehen, die Ausschreibung der erforderlichen EDV soll Mitte 2016 beginnen. Das Gesetz soll hoffentlich noch in diesem Jahr verabschiedet werden. Wir werden ab dem 1.1.2017 in der Staatskanzlei und im Innenministerium beginnen, auf die elektronische Akte umzustellen und dann „Kinderkrankheiten" bereinigen, damit dann, wenn die übrige Verwaltung mitgeht, alles weniger problematisch wird.

Zu den Kommunen noch ein abschließendes Wort. Auch mit den Kommunen haben wir eine eigene Veranstaltung im Rahmen des Beteiligungsverfahrens durchgeführt. Der aktuelle Gesetzentwurf sieht für die Kommunen die Möglichkeit vor, ihre Daten freiwillig auf der Transparenzplattform darzustellen. Die Auswertung des Beteiligungsverfahrens hat allerdings gezeigt, dass die von den Kommunen vorgehaltenen Daten für die Menschen besonders interessant sind. Deshalb sind wir entschlossen, im Dialog mit den Kommunen einen Weg zu finden, wie wir vielleicht auch Angebote machen können, damit es für Kommunen leichter wird, diesen Weg mitzugehen. Diese und weitere Erkenntnisse des Beteiligungsverfahrens sammeln wir momentan und das Kabinett befasst sich seit Anfang Juni 2015 mit dem zweiten Entwurf des Transparenzgesetzes. Dabei wird es die Ergebnisse aus dem Beteiligungsverfahren – so weit wie möglich – berücksichtigen.

Ich bin gespannt auf den weiteren Prozess und ich bin auch gespannt darauf, wie Sie sich heute äußern werden. Der Landesbeauftragte für den Datenschutz und die Informationsfreiheit, Herr Edgar Wagner, ist mit dabei. Er hat das Projekt von Anfang an engagiert begleitet und auch eigene Impulse gesetzt. Ich möchte mich an der Stelle einmal sehr, sehr herzlich bei Ihnen und dem ganzen Team bedanken. Wir gehen mit dem Transparenzgesetz inhaltlich und im Verfahren absolut neue Wege. Es gab noch kein Bundesland, das ein Transparenzgesetz mit einem so umfassenden Beteiligungsverfahren auf den Weg gebracht hat, wie es Rheinland-Pfalz jetzt tut. Darauf sind wir auch stolz. Es soll auch Maßstäbe für die Zukunft entwickeln – auch das müssen wir miteinander besprechen. Man muss sich darüber im Klaren sein, dass ein so aufwendiges Beteiligungsverfahren auch sehr viel Man- and Womanpower kostet und sehr viel Aufwand bedeutet. Das heißt: Wir werden am Ende des Prozesses miteinander besprechen müssen, was in welchem Verhältnis steht. Wir möchten nicht nur von Beteiligung und Transparenz sprechen, sondern wir wollen es auch vorbildlich angehen und das ist der Grund, warum wir dieses Verfahren gewählt haben. Ich freue mich auf die Diskussion und bin gespannt auf Ihre Tagung. Wir wünschen dem Institut alles Gute und weiterhin viel Erfolg. Vielen Dank.

Michael Jäckel
Grußwort

Sehr geehrte Frau Ministerpräsidentin, liebe Frau Dreyer,
   sehr geehrter Herr Raab,
   verehrte Mitglieder der Gesellschaft für Rechtspolitik,
   verehrte Kolleginnen und Kollegen,
   verehrte Studierende,
   meine sehr geehrten Damen und Herren!
Immer, wenn ich eine Veranstaltung in dieser Kapelle miteröffnen darf, kommen Erinnerungen an den Fortschrittsgedanken auf. Nun, warum?

Die sogenannte positivistische Bewegung ist mittlerweile mehr als 200 Jahre alt. Auguste Comte zählte zu den Gründern dieser philosophischen Schule. Immerhin ist es der Bewegung gelungen, den Leitspruch „ordem e progresso" auf der brasilianischen Flagge zu verewigen. Zugleich sprach Comte von den „Priestern der Menschheit" und meinte damit Wissenschaft jenseits der Metaphysik. Einmal soll er davon geträumt haben, dass die Wissenschaftler die Priester in Notre Dame ablösen werden.

Diese Hybris ist es nicht, die uns heute hier in der Kapelle des ehemaligen Militärhospitals André Genet zusammenführt. Das Institut für Rechtspolitik versteht sich als Forschungsinstitut, das insbesondere die Folgen von Gesetzesvorhaben, die gesellschaftlichen Implikationen juristischer Entscheidungen, analysiert und sich darüber mit der rechtspolitischen Fachwelt austauscht. Es vermeidet in seinen Verlautbarungen den Begriff „Think Tank", aber wer sich so bezeichnen darf und wer nicht, ist ohnehin nicht juristisch geschützt, sondern häufig ein Ergebnis von Zuschreibungen.

Ich gratuliere heute zum 15-jährigen Jubiläum und zugleich zur Wahl des heutigen Themas, weil sich in ihm viele Widersprüche der heutigen Zeit wiederfinden lassen. Aber auch Herausforderungen für Universitäten, die mit Zivilklauseln konfrontiert werden und alle Quellen von Drittmitteln offenlegen sollen. Die Forderung nach mehr Gestaltungseinfluss wird allenthalben erhoben, die Umsetzung aber wird erschwert, weil die Interessen nicht mehr nur einen kooperativen Geist widerspiegeln, sondern partikularistisch, ja: individualisiert daherkommen.

Ich will mit wenigen Worten etwas zu dem Wunsch, die Dinge mit höchster Transparenz nach vorne zu bringen, sagen:

Unlängst wurde berichtet, dass parallel zu der öffentlichen Aufregung, die die neue griechische Regierung durch ihre Ankündigungen und Gespräche ausgelöst hat, geheime Dinner-Gespräche den eigentlichen Kern des Problems am Leben halten, quasi zwischen Gabel und Messer ernste Probleme jongliert werden. Der Artikel wurde mit dem Hinweis eingeleitet: „Still und heimlich haben die Gläubiger und Griechenland ein neues Format für die Verhandlungen geschaffen. Es heißt „Frankfurt Dinner Group". Wenn es in der Öffentlichkeit kracht, wird dort weiter verhandelt."

Über das „Geheimnis" hat Georg Simmel einmal gesagt, dass es eines der größten aller geistigen Errungenschaften überhaupt sei: „Das Geheimnis bietet sozusagen die Möglichkeit einer zweiten Welt neben der offenbaren, und diese wird von jener aufs stärkste beeinflusst." Bezüglich der Welt des Politischen sind – vereinfacht gesprochen – zwei Transparenzebenen zu unterscheiden: der allgemeine Zugang zu dem, was gesprochen/getan wird und das Interesse an einer bestimmten Persönlichkeit.

So ist beispielsweise die Geschichte des Parlamentarismus ein gutes Beispiel. Englische Parlamentsverhandlungen waren lange geheim. Wenn die Presse dagegen verstieß, kam es zu einer strafrechtlichen Verfolgung. Noch Churchill sprach 1955 von der Notwendigkeit „of upholding the primacy of Parliament debating the affairs of the nation". Und zuvor hatte im Jahr 1944 die BBC selbst eine „Fourteen Day-Rule" eingeführt, die unter anderem die Verpflichtung enthielt, über ein laufendes Gesetzgebungsverfahren innerhalb dieser Frist Stillschweigen zu bewahren. Wie gut sie eingehalten wurde, müsste ich genauer recherchieren. Nach gut zwölf Jahren war jedenfalls Schluss damit.

Aber: Die Politik kommt offenbar ohne diese Parallelwelten nicht aus, ob das nun Arkanpolitik genannt wird oder nicht. Darauf weist auch der Begleittext zur heutigen Veranstaltung hin. Und für den Beobachter all dessen, den mehr oder weniger politisch Interessierten, stellt sich die Frage, was denn nun „wirklich" ist.

Dazu eine aufschlussreiche Begebenheit: Um die Sendung „Newtopia" auf SAT.1 gab es vor kurzem eine erstaunliche Debatte. Ausgelöst wurde sie durch folgendes Ereignis: Es war vor kurzem – ich zitiere aus der Frankfurter Allgemeinen Sonntagszeitung – durch „eine versehentlich nicht abgeschaltete Kamera zu sehen, wie Mitarbeiter der Produktionsfirma mit den Kandidaten absprachen, was sie tun könnten, um das sinkende Interesse an der Show wieder zu steigern. Alles Lüge!, rief darauf ein Teil des Publikums empört. Was habt ihr denn gedacht?, schallte es ihnen nicht minder laut von anderen Beobachtern entgegen." Ich möchte hinzufügen: Utopia heißt nun einmal: ohne Ort. Das einzige, was man zur idealen Gesellschaft verlässlich sagen kann, ist, dass ständig nach ihr gesucht wird. Eine Schlussfolgerung aus diesem Mysterium ist aufschlussreich: „Viel spricht dafür, dass jungen Zuschauern heute im Zweifel die genauen Grenzen zwischen Fiktion und Dokumentation nicht so wichtig sind – solange sie nicht bewusst angelogen werden." Und meistens ist die Realität der Fiktion ja weitaus angenehmer und unaufdringlicher.

Selbstverständlich muss ich an dieser Stelle einräumen, dass ein Transparenzgesetz nicht nur die Beteiligung stärken will, sondern den Einblick in eine Vielzahl von Unterlagen ermöglichen möchte. Das kann durchaus einen praktischen Nutzen haben. Als ich am vergangenen Mittwoch einen Kollegen traf, der mir einen größeren Antrag zum Thema „Partizipation und Ungleichheit" erläuterte, nutzte ich die Gelegenheit und fragte ihn, was er denn von dem geplanten Transparenzgesetz halten würde. Er verwies auf ein ernüchterndes Phänomen, das man im Sinne von „The more the more" interpretieren könne. Zum einen ist gerade in diesem Bereich Skepsis zu einer Tugend geworden. Und zum anderen sind viele Versuche, Beteiligung zu steigern, nur da gelungen, wo es die Menschen unmittelbar berührt: Bebauungspläne, Umgehungsstraßen usw. Aber im Ergebnis muss jeder, der öffnen will, auch einkalkulieren, dass jemand da sein muss, der sich mit allem, was da eingebracht wird, auch in angemessener Form befasst. Als Daniel Bell in den 1970er Jahren sein zum Klassiker gewordenes Buch „Die post-industrielle Gesellschaft" veröffentlichte, wählte er an einer Stelle einen interessanten Vergleich: Die güterproduzierende Gesellschaft betrieb ein Spiel gegen die Natur, ohne durch die Beseitigung bestimmter Knappheiten (z. B. Rohstoffe) das Phänomen der Knappheit an sich zu beseitigen. Knappheitsbewusstsein ging stattdessen Hand in Hand mit Alternativenreichtum, dieser wiederum mit der Erhöhung von Ansprüchen. Die Informationsgesellschaft ist dagegen gekennzeichnet durch ein Spiel zwischen

Personen, weil ein wachsendes Bedürfnis nach Partizipation einen Anstieg von Interaktionen mit sich bringt. Diese wiederum müssen aufeinander abgestimmt werden. Was Bell für den Bereich der Politik konstatierte, dürfte auch für andere Entscheidungsfelder zutreffend sein. Je mehr sich der Kreis der Beteiligten ausweitet, desto schwieriger werden die Aushandlungsprozesse: „So löst das erhöhte Mitspracherecht paradoxerweise meist nur das Gefühl einer größeren Frustration aus", hieß es damals. Für die Zahl der Interaktionen stellte er ebenso deutlich fest: „Entweder man begnügt sich mit oberflächlichen Beziehungen oder man stößt an eine ‚obere Grenze' des zu bewältigenden Ausmaßes von Interaktionen."

Meine Damen und Herren, die heutige Veranstaltung wird auch diesen Punkt thematisieren, gerade, wenn es um Informations- und Geheimhaltungsinteressen geht. Und wer Geheimnisträger ist, der wird vermehrt Konflikte mit sich und seiner Umwelt aushalten und austragen müssen.

Allen, die diese Veranstaltung vorbereitet und möglich gemacht haben, danke ich an dieser Stelle. Dem Institut wünsche ich eine gute Zukunft.

Die transparente Verwaltung

Thomas Raab
Einführung in das Thema

Transparenz und Verwaltungshandeln waren lange Zeit unvereinbare Gegensätze. Das „Aktengeheimnis" galt als eherner Grundsatz der öffentlichen Verwaltung.[1] Der Grundsatz ist allerdings schon seit längerem abgelöst worden durch das Prinzip der beschränkten Aktenöffentlichkeit. Danach war der Zugang zu amtlichen Informationen unter bestimmten Voraussetzungen zu gewähren. Insbesondere Verfahrensbeteiligte hatten die Möglichkeit, sich über die sie betreffenden Verwaltungsvorgänge zu unterrichten. Sonstige Anspruchsteller mussten regelmäßig ein berechtigtes oder gar ein rechtliches Interesse an der Information darlegen.

Dies hat sich mit der Einführung von Informationsfreiheitsgesetzen im Bund sowie in den meisten Bundesländern grundlegend geändert. Diese gewähren „jedermann" einen Anspruch auf Zugang zu amtlichen Informationen, ohne dass dieser an weitere Voraussetzungen gebunden wäre. Ein solcher Anspruch besteht auch bisher bereits in Rheinland-Pfalz im Rahmen des Landesinformationsfreiheitsgesetzes. Schon vor Inkrafttreten dieses Gesetzes gehörte freilich die „Kultur der Geheimhaltung" der Vergangenheit an. Die Verwaltung hat sich seit längerem im Sinne der Bürgerfreundlichkeit geöffnet und bemüht sich, im Rahmen ihrer Öffentlichkeitsarbeit die Bürger mit wichtigen oder hilfreichen Informationen zu versorgen. Allerdings besteht ein gewichtiger Unterschied zwischen dieser Form der Öffentlichkeitsarbeit und dem gesetzlichen Informationsanspruch. Erstere ist anbieterorientiert. Die Verwaltung entscheidet über den Inhalt der Informationen, die sie bereitstellen will. Der Informationsanspruch hingegen ist nachfrageorientiert. Der Bürger entscheidet, an welchen Informationen seinerseits ein Interesse besteht. Und typischerweise handelt es sich dabei um Informationen, die die Verwaltung aus eigenem Antrieb nicht preisgeben möchte oder an deren Publikation sie doch zumindest kein gesteigertes Interesse hat.[2]

---

1 Hierzu sowie zum Folgenden *Schoch*, Informationsfreiheitsgesetz, 2009, Einl. Rn. 12 ff.
2 Instruktiv hierzu *Gusy*, JZ 2014, 171, 173 f.

Das Transparenzgesetz fügt dem noch eine weitere Ebene hinzu. Die Verwaltung wird nunmehr verpflichtet, von sich aus bestimmte Informationen auf einer Transparenzplattform bereitzustellen. Die Veröffentlichung ist nicht anbieterorientiert, da der Anbieter durch das Gesetz zur Preisgabe der Information gezwungen wird und nicht frei über die Inhalte entscheiden kann. Andererseits ist die Information aber auch nicht im eigentlichen Sinne nachfragegesteuert, weil es keiner konkreten Nachfrage bedarf. Allerdings dient die Transparenzplattform ähnlichen Zwecken wie der Informationsanspruch. Sie soll Informationen bereitstellen, bei denen der Gesetzgeber annimmt, dass sie für den Bürger von Interesse sind. Damit wird der Zugang zu den Informationen erleichtert, weil ein gesonderter Antrag entbehrlich wird und die Informationen jederzeit ohne vorhergehendes Verwaltungsverfahren abrufbar sind.

Zweck des Gesetzes ist es ausweislich des § 1 RegE, die Transparenz und Offenheit der Verwaltung zu vergrößern. Dadurch sollen die demokratische Meinungs- und Willensbildung gefördert, die Möglichkeit zur Kontrolle staatlichen Handelns verbessert, die Nachvollziehbarkeit von politischen Entscheidungen erhöht und insgesamt die Möglichkeiten demokratischer Teilhabe gefördert werden. Dies sind ohne Zweifel alles erstrebenswerte Ziele, ja geradezu Grundlagen eines demokratisch verfassten Gemeinwesens. Demokratie lebt von dem Gedanken, dass der Staat nicht denjenigen gehört, die die Macht ausüben, sondern eine „res publica", eine öffentliche Sache ist. Die Träger der Staatsgewalt sind lediglich Treuhänder, denen die Ausübung der Befugnisse auf Zeit übertragen ist und die sie im Interesse der Bürger wahrzunehmen haben. Bei einer solchen Betrachtung kann es kein generelles schutzwürdiges Interesse der Verwaltung an der Geheimhaltung, am Schutz der verfügbaren Erkenntnisse geben. Amtliche Informationen sind gleichsam „res publicae", also öffentliche Sachen, die den Bürgern zum Gemeingebrauch zur Verfügung zu stellen sind. Die Geheimhaltung ist die begründungsbedürftige Ausnahme von der Regel.

Diese Systematik findet sich auch im Gesetz wieder. So sind in §§ 14–17 RegE entgegenstehende Belange genannt, die einen Informationszugang ebenso wie eine Veröffentlichung auf der Transparenzplattform ausschließen. Hierzu zählen vornehmlich Rechte Dritter. So dürfen durch eine Veröffentlichung weder das geistige Eigentum noch Persönlichkeitsrechte Dritter verletzt werden. Die Informationsfreiheit darf also nicht auf Kosten des individuellen Rechtsgüterschutzes gehen, insbesondere nicht gegen den Schutz der Privatsphäre ausgespielt werden. So wäre es unter dem Aspekt des Datenschutzes grotesk, wenn Bürger einerseits durch die Verwaltung gezwungen werden könnten, ihre personenbezogenen Daten preiszugeben, andererseits die Verwaltung das Recht oder gar die Pflicht hätte, diese Daten gegenüber jedermann zu offenbaren. Die transparente Verwaltung darf also schon unter verfassungsrechtlichen Gesichtspunkten nicht den „gläsernen Bürger" zum Ergebnis haben. Geschützt sind aber auch öffentliche Belange, etwa das Interesse, laufende strafrechtliche Ermittlungsverfahren nicht durch Bekanntgabe von Informationen zu gefährden (§ 14 Abs. 1 Nr. 2 RegE).

Schaut man etwas genauer auf die Details, stellen sich aber auch Fragen. Dies gilt etwa für die Reichweite der Informationspflichten der Hochschulen, ein Aspekt, der bei einer Veranstaltung an einer Universität mehr als nahe liegt. Können und müssen diese etwa verpflichtet werden, bisher unveröffentlichte Habilitationsschriften auch gegen den Willen der Betroffenen an Interessierte herauszugeben oder diesen zumindest Einsicht zu gewähren? Besonders heikel ist in diesem Zusammenhang die Drittmittelforschung, soweit es sich um Drittmittelgeber aus der Privatwirtschaft handelt. Schon die Nennung des Namens des Drittmittelgebers kann hier die Befürchtung begründen, dass Wettbewerber Rückschlüsse auf Probleme und Defizite des Unternehmens ziehen und diesem hieraus wirtschaftliche Nachteile entstehen können. Die Folge könnte sein, dass solche Drittmittelprojekte erst gar nicht zustande kommen. Juristisch stellt sich dabei die Frage, ob es sich insoweit überhaupt um Verwaltungstätigkeit handelt, die allein der Offenlegungspflicht unterfällt (§ 3 Abs. 1 RegE). Im Kern führt dies zurück auf das Problem, ob Forschung und Lehre tatsächlich eine „res publica" sind oder ob es sich nicht um einen durch die Wissenschaftsfreiheit besonders geschützten Raum handelt, dem ein berechtigtes Interesse an Geheimhaltung von Daten nicht abgesprochen werden kann.

Ähnliche Fragen stellen sich auch im „Kernbereich" der Verwaltung, wenn und soweit es auch um die persönlichen Interessen der dort beschäftigten Personen geht. Diese sind zwar Inhaber eines öffentlichen Amtes bzw. Inhaber von Amtsbefugnissen. Indem sie ihre Arbeitskraft in den Dienst der öffentlichen Verwaltung stellen, sind sie aber auch gewissen Einschränkungen im Hinblick auf ihre persönliche Freiheit ausgesetzt, die zugleich ein entsprechendes Schutzbedürfnis sowie eine Fürsorgepflicht des öffentlichen Dienstherrn oder Arbeitgebers begründen. So stellt sich etwa die – derzeit offenbar heftig diskutierte – Frage, ob eine Behörde verpflichtet ist, jedem Interessierten unabhängig von einem konkreten Verwaltungsverfahren eine Telefonliste sämtlicher Mitarbeiter der Behörde mit den entsprechenden Durchwahlnummern zur Verfügung zu stellen. Verschiedene Verwaltungsgerichte bejahen dies[3], andere lehnen dies ab.[4] In einem Verfahren hatte sich die Behörde zur Begründung der Ablehnung unter anderem darauf gestützt, dass eine zentrale Service-Nummer eingerichtet sei, die mit dem jeweiligen Mitarbeiter verbinden könne. Dies diene auch dem Schutz der Mitarbeiter, die nicht ständig durch Anrufe in ihrer Tätigkeit gestört werden sollten. Einzelne Verwaltungsgerichte haben dies nicht gelten lassen. Doch dürften hier zumindest Zweifel angebracht sein. Muss der Staat nicht die Möglichkeit haben dafür zu sorgen, dass seine Mitarbeiter die übertragenen Arbeitsaufgaben auch bewältigen können und nicht durch ständige Anfragen hiervon abgehalten werden? Haben nicht auch die Mitarbeiter in der Verwaltung einen Anspruch auf Schutz ihrer Persönlichkeitsrechte und damit auf eine angemessene Gestaltung ihrer Arbeitsbedingungen? Und ist es wirklich für die demokratische Willensbildung oder die Kontrolle staatlichen Handelns notwendig oder förderlich, dass jeder unabhängig von einem konkreten Verwaltungsvorgang erfahren kann, wie er einen Mitarbeiter einer Behörde unmittelbar telefonisch erreichen kann?

Dies leitet über zu einem weiteren Gesichtspunkt: der Gewährleistung der Funktionsfähigkeit der öffentlichen Verwaltung. Die Welt der modernen Medien hat nicht nur zu einem leichteren Zugang zu Informationen geführt. Sie ist auch Anziehungspunkt für Menschen, die hierin eine Spielwiese sehen, um ihren eigenen Geltungsdrang und das Bedürfnis, sich in der Öffentlichkeit zu präsentieren, zu befriedigen. Um dies festzustellen, genügt ein Blick in einschlägige Foren oder Kommentarlisten, die auf den Internetseiten von Rundfunksendern oder Zeitungen im Kontext aktueller Meldungen bereitgestellt werden. Es bedarf daher keiner großen Phantasie um sich auszumalen, dass auch der Informationsanspruch nicht stets von einem schützenswerten Interesse inspiriert sein muss. Gegebenenfalls könnte

---

3 Vgl. etwa VG Regensburg 4.11.2014 – RN 9 K 14.488 – DuD 2015, 123.
4 Vgl. etwa VG Potsdam 3.9.2014 – 9 K 1334/14 – LKV 2014, 571.

er auch dazu verwendet werden, Behörden in einer organisierten Kampagne mit einer Fülle von Anfragen zu konfrontieren, um auf diese Weise die Arbeit der Behörde lahmzulegen oder zumindest zu erschweren.

Der Gesetzgeber versucht dem entgegenzuwirken, indem er die Möglichkeit einräumt, Anträge abzulehnen, wenn diese offensichtlich missbräuchlich gestellt sind (§ 12 Abs. 6 RegE) oder einen unverhältnismäßigen Verwaltungsaufwand erfordern (§ 12 Abs. 1 S. 3 RegE). Die Entscheidungspraxis der Verwaltungsgerichte lässt jedoch Zweifel aufkommen, ob das angestrebte Ziel erreicht wird. So hat etwa das Verwaltungsgericht Berlin einer Klage stattgegeben, mit der ein Journalist vom Bundesministerium des Innern Auskunft über Kontakte mit nationalen und internationalen Gesprächspartnern zum Thema Überwachungstechnologien verlangt hat. Gestellt wurden insgesamt 14 Fragen, darunter die folgenden: Zu welchem konkreten Zeitpunkt hat das Bundesministerium des Innern Gespräche über Überwachungstechnologie mit Vertretern von Regierungen oder Unternehmen geführt? Wer waren die jeweiligen nationalen oder internationalen Gesprächspartner? Wer war von Seiten des Bundesministeriums des Innern an diesen Gesprächen beteiligt? An welchen Reisen des Bundesministeriums des Innern nahmen in der Vergangenheit Vertreter der Überwachungsindustrie teil? Nennen Sie das Reiseziel, die Teilnehmer, die beteiligten Unternehmen und die Gesprächspartner vor Ort. Wie hoch waren die Gesamtkosten für die Reise und in welcher Höhe mussten sich die Unternehmen daran beteiligen? Hat das Bundesministerium des Innern Personal rekrutiert, vermittelt oder empfohlen, das anderen Staaten beim Aufbau derartiger Technologien zur Seite steht?

Die Berufung der Behörde auf einen unverhältnismäßigen Aufwand hat das Gericht zurückgewiesen. Wörtlich heißt es in der Entscheidung: „Die Behauptung der Beklagten, es sei nicht ermittelbar, welche der ca. 130 Organisationseinheiten betroffen sein könnten, ist schon nicht nachvollziehbar, da eine etwa per E-Mail an alle Referate des BMI gerichtete Abfrage keinen besonderen Aufwand darstellt. Zudem ist eine derartige Abfrage mit einer Vorauswahl, welche Referate in Betracht kommen können, bereits erfolgt mit dem Ergebnis, dass sich die Beklagte einen groben Überblick über die in Betracht kommenden Vorgänge verschafft hat. Im Übrigen zeigt der Hinweis auf zahlreiche Organisationseinheiten, dass die Last der Informationsermittlung auf viele Schultern verteilt wird. Damit hat sich die grundsätzliche Annahme bestätigt, dass die Beklagte die in Frage stehenden Akten kennt und über eine die Suche beschleunigende Erfahrung mit dem Aktenbestand und entsprechende Informationstechniken verfügt, um die Anfrage zu bearbeiten. Danach befinden sich die Informationen nach Angaben der Beklagten in ca. 1.300 Ordnern. Nach den Mitteilungen der verschiedenen Stellen im BMI, die keine Fehlanzeige abgegeben haben, handelt es sich sogar um 722 Ordner und weitere 959 Akten, bei denen nicht angegeben ist, ob es sich um Ordner oder Hefter handelt, sowie schließlich ca. 800 bis 850 Ordner aus der Abteilung ÖS. (...) Diese Akten müssen zunächst – eher oberflächlich – danach durchgesehen werden, ob sie Informationen zu Überwachungstechnologie enthalten, zudem – gleichzeitig oder anschließend – nach Kontakten mit Vertretern von Regierungen oder Unternehmen. Nur die auf diese Art ausgesonderten Unterlagen sind dann im Einzelnen durchzusehen und soweit erforderlich zu schwärzen. Dass die Beklagte diesen Aufwand organisatorisch ohne nicht nur vorübergehende Zurückstellung ihrer Kernaufgaben nicht bewältigen könnte, ist nicht substantiiert dargetan."

Man muss sich bei der Betrachtung dieser Entscheidung davon lösen, dass es sich bei der Anfrage um die eines Journalisten handelt, der – so ist anzunehmen – ein Interesse an der Aufklärung bestimmter Sachverhalte hat und damit zugleich die Aufgabe der Medien wahrnimmt, gleichsam als „vierte Gewalt" staatliches Handeln zu kontrollieren und Missstände aufzudecken. Der Anspruch steht nämlich jedermann ohne Rücksicht darauf zu, welchen Ursprung das Informationsinteresse hat. Wäre das Auskunftsersuchen ausschließlich durch die Befriedigung persönlicher Neugier oder sogar durch Langeweile motiviert, dürfte nicht anders entschieden werden. Auch eine solche Anfrage müsste also entsprechende Aktivitäten der Behörde auslösen.

Diese Gedankenanstöße mögen genügen. Vielleicht sind die erhobenen Bedenken auch unbegründet und können von den beiden, fachlich deutlich kompetenteren Referenten entkräftet werden. Und damit räume ich auch fürs erste den Rednerplatz und möchte Frau Kollegin Albers um ihren Beitrag bitten. Vielen Dank!

Marion Albers
Rechtswissenschaftliche Perspektiven

Mein Thema dreht sich um die rechtswissenschaftlichen Perspektiven der transparenten Verwaltung. Wir sind hierbei Zeugen eines historisch bedeutsamen Paradigmenwechsels. Max Weber, der berühmte Soziologe, sah in der Bürokratie mit ihrem Amtsgeheimnis die „formal rationalste Form der Herrschaftsausübung".[1] Noch 1970 meinte das Bundesverfassungsgericht, dass es keiner näheren Begründung bedürfe, dass die öffentliche Verwaltung nur dann rechtsstaatlich einwandfrei, zuverlässig und unparteiisch arbeiten könne, wenn das grundsätzliche Stillschweigen über dienstliche Vorgänge nach außen sichergestellt sei.[2]

Heute wirken solche Sehweisen aus guten Gründen antiquiert. *Transparenzgesetze* sind die jüngste Stufe einer zunehmend ausgebauten Verwaltungstransparenz, die in Bremen, Hamburg und jetzt auch in Rheinland-Pfalz realisiert wird. In meinem Vortrag möchte ich im ersten Teil auf gesellschaftliche Hintergründe, Ziele und Grundfragen der Transparenzgesetze eingehen. Der zweite Teil widmet sich einigen zentralen Fragen der Ausgestaltung und den Innovationen im Vergleich zu den ja auch noch nicht so alten Informationsfreiheitsgesetzen. Abschließend ziehe ich ein kurzes Resumée.

I. Hintergründe, Ziele und Grundfragen der Transparenzgesetze

Gegenüber der geschichtlichen Phase, in der die Bürokratie als Erfolgsmodell gelten konnte, haben sich die gesellschaftlichen Hintergründe und die Charakteristika der modernen Verwaltung grundlegend geändert. Wandel der gesellschaftlichen Integration, Risikomanagement oder Digitalisierung aller Lebensbereiche gehören ebenso zu den Stichworten wie komplexere Staatsaufgaben im Kontext globalen Wettbewerbs, eine relative Eigenständigkeit der Verwaltung, neue Instrumentarien wie Kooperation

---
1 *Max Weber*, Wirtschaft und Verwaltung, 5. Aufl. 1972, S. 128.
2 BVerfGE 28, 191 (198); dies als allgemeine Ausführung im Rahmen der Beurteilung des § 353b StGB.

und aktive Öffentlichkeitsinformation oder die zunehmend wichtigeren Erfordernisse der staatlichen Gewährleistung einer angemessenen Wissensinfrastruktur.

Die Herstellung von Transparenz reagiert auf unterschiedliche Aspekte dieses Wandels. Einer der Kernpunkte sind veränderte Anforderungen an die Legitimation der Verwaltung. Legitimation wird eben nicht mehr primär, wie noch bei der Bürokratie, durch das Vertrauen in eine Bindung an genau steuernde Gesetze und an das Hierarchieprinzip sichergestellt. Transparenz und Offenheit, öffentliche Beobachtungs- und Kontrollmöglichkeiten werden zu zentralen Mechanismen der Herstellung von Legitimation und Entscheidungsakzeptanz. Die allgemeine Bereitstellung von Verwaltungsdokumenten oder einer Wissensinfrastruktur ist aber auch eine Form der Öffentlichkeitsarbeit der Verwaltung, die die bisherigen, eher punktuell-problemspezifischen und ermessensgestützten Formen wie Appelle, Beratung, Warnungen oder Empfehlungen erweitert und ergänzt.[3] Besonders anschaulich geworden ist dies im Verbraucherinformationsrecht, indem etwa die Lebensmittelbehörden sehr effektiv eine aktive Öffentlichkeitsinformation über Kontrollergebnisse mit Weiterverweisen auf die Dokumentenzugangsansprüche kombiniert haben.[4] Nicht zuletzt kann die Herstellung von Transparenz auch dafür sorgen, dass die Verwaltung über Öffentlichkeitsreaktionen Informationen zurückerhält, ihr eigenes Wissen erweitert und eigene Lösungen überprüfen kann. Interaktivität ist mit den Werkzeugen des Web 2.0 oder des sogenannten „Mitmach-Internet" realisierbar. Weitergehend als zu Zeiten der Einführung der Informationsfreiheitsgesetze kann Verwaltungstransparenz daher heute mit neuen Partizipationsformen verbunden werden.

Zu diesem Hintergrund passt, dass die Zweckbeschreibungen sowohl des Hamburgischen Transparenzgesetzes (HmbTG) als auch des Transparenz-

---

3 Ausf. *Gusy*, Informationszugangsfreiheit – Öffentlichkeitsarbeit – Transparenz, JZ 2014, S. 171 (173 ff.).
4 Im Grundsatz lässt § 6 Abs. 1 VIG eine solche Kombination zu. Einzelfragen und Ausgestaltung der aktiven behördlichen Öffentlichkeitsarbeit und der Veröffentlichungen im Internet sind allerdings sehr umstritten. Insbesondere haben mehrere Gerichte das sog. „Smiley-System" als nicht gesetzlich gedeckt eingestuft, weil es Bewertungen einschließe, deren Grundlagen nicht deutlich werden oder unzureichend seien.

gesetzentwurfs Rheinland-Pfalz multidimensional sind. Transparenz, Nachvollziehbarkeit und Akzeptanz des Verwaltungshandelns sollen erhöht, die demokratische Meinungs- und Willensbildung in der Gesellschaft gefördert, Kontrollmöglichkeiten verbessert und Korruption bekämpft, Möglichkeiten der demokratischen Teilhabe gefördert und die Möglichkeiten des Internets für einen digitalen Dialog zwischen Staat und Gesellschaft genutzt werden.[5] Das Hamburgische Transparenzgesetz will zudem einen „Beitrag gegen Politikverdrossenheit"[6] leisten.

Transparenzgesetze reagieren also auf mehrere neue Anforderungen an die Verwaltung, und sie haben mehrere Ziele und Funktionen. Eine Kritik, die nur ein Ziel und dann mit Blick darauf Defizite herausstellt, greift daher zu kurz.

Was genau bedeutet nun das in den Gesetzen verankerte Transparenzprinzip? Es stützt sich auf zwei Säulen: Innovativ ist die obligatorische Veröffentlichung aufgelisteter Dokumente und Informationen in einem zentralen elektronischen Informationsregister oder einer Transparenz-Plattform. Daneben gibt es einen antragsabhängigen, aber im Übrigen voraussetzungslosen Zugangsanspruch. In Abgrenzung zu einem Zugang aufgrund bestimmter Rechtspositionen ist nunmehr ein prinzipiell unabgeschlossener Personenkreis grundsätzlich berechtigt, sich jederzeit nach eigenen Auswahlkriterien und unter allen ihn interessierenden Aspekten über die Wissensbasis und Dokumente der Verwaltung zu informieren. Die Verwaltung muss sich darauf einstellen, dass sie nicht mehr genau abschätzen kann, wer wann unter welchen Umständen aus welchem Interesse Zugangsrechte wahrnimmt.

Dieses Informations*potenzial* bedeutet allerdings nicht, dass sämtliche Bürger und Bürgerinnen nunmehr tatsächlich ein umfassendes Wissen

---

5 Für Hamburg s. § 1 HmbTG; s. außerdem die Begründung zum Entwurf eines Hamburgischen Transparenzgesetzes (HmbTG), Bürgerschaftsdrucksache 20/4466, S. 1 f., 12 f., abrufbar unter http://www.buergerschaft-hh.de/Parl Dok (Abruf 14.04.2015). Für Rheinland-Pfalz s. § 1 Abs. 2 des Gesetzentwurfs der Landesregierung zum Transparenzgesetz Rheinland-Pfalz, abrufbar unter http://transparenzgesetz.rlp.de/ecm-politik/transparenzrlp/de/home (Abruf 11.04.2015).
6 S. die Begründung zum Entwurf eines Hamburgischen Transparenzgesetzes (Fn. 5), S. 2.

über Verwaltungsvorgänge erwerben und sich an einem Dialog zwischen Staat und Gesellschaft beteiligen. Insbesondere führt die Transparenz der Verwaltung nicht dazu, dass entsprechend der traditionellen Vorstellung eine Öffentlichkeit innerhalb der Gesellschaft hergestellt würde, die per se eng mit dem Allgemeinwohl verbunden wäre und ohne Weiteres als Repräsentant demokratischer Meinungs- und Willensbildung gelten könnte. Diese überkommene Vorstellung einer bürgerlichen Öffentlichkeit, die in den Zweckbeschreibungen der Transparenzgesetze durchaus anklingt, hat sich aufgelöst. Öffentlichkeiten, wie sie heute in der Gesellschaft und gerade auch im Rahmen des Internets entstehen, kristallisieren sich anhand bestimmter Themen in vielfältiger, teilweise zufälliger, nur begrenzt vorhersehbarer Weise; sie sind pluralisiert, fragmentarisch und selektiv. Das heißt trotzdem nicht, dass man ihnen, wie man es in manchen rechtswissenschaftlichen Beiträgen liest, jegliche Repräsentativität und Relevanz absprechen müsste. Aber die Verwaltung muss ihre Aufgabe der Gemeinwohlrealisierung in relativer Distanz zu den Öffentlichkeiten wahrnehmen, die ihr auf der Grundlage der neuen Verwaltungstransparenz gegenübertreten.

Der Informationszugang nach Maßgabe der Transparenzgesetze lässt die Zugangsmöglichkeiten aufgrund bestimmter Rechtspositionen oder im Rahmen der Öffentlichkeitsbeteiligung bei bestimmten Vorhaben unberührt. Insgesamt erweitert er die Informations- und Kommunikationswege und die Regelungsvielfalt wird nicht verringert, sondern noch vergrößert.[7] Vollständig vereinheitlichen kann man die Zugangsformen allerdings schon deshalb nicht, weil sie auf unterschiedlichen Verwaltungs-Bürger-Beziehungen beruhen. Sofern anderweitige Rechtspositionen hinter Dokumenteneinsichts- oder Auskunftsrechten stehen, sind diese Zugangsrechte regelmäßig eng mit Rechten auf Stellung- und Einflussnahme verknüpft. Beim Zugang aufgrund der Transparenzgesetze werden Einfluss- und Partizipationsmöglichkeiten zwar in den Gesetzeszwecken und durchaus auch in manchen Regelungen mitbedacht. Ein markantes Beispiel ist § 10 Abs. 2 HmbTG, der bei zu veröffentlichenden Verträgen grundsätzlich die Aushandlung eines Rücktrittsrechts innerhalb eines Monats nach der Veröffentlichung verlangt. Dahinter stehen die Hamburger Erfahrungen mit der jetzt dann doch bald

---

7 *Gusy* (Fn. 3), S. 178.

fertiggestellten Elbphilharmonie. Diese waren Auslöser der Volksinitiative,[8] und die Initiatoren begriffen Verwaltungstransparenz als Bedingung der Möglichkeit einflussnehmender öffentlicher Kontrolle und Kritik. Einfluss- und Partizipationsmöglichkeiten sind in den Transparenzgesetzen aber nicht in spezifischer Weise mitgeregelt. Passende Formen der Partizipation müssen sich vielmehr in eigenständiger Weise daran anschließen. Das kann bei einem allgemeinen Informationszugangsanspruch auch kaum anders sein.

II. Ausgestaltung der Transparenzgesetze

Damit komme ich zum zweiten Teil meines Vortrags, zu einigen zentralen Fragen der Ausgestaltung der Transparenzgesetze.

1. Innovatives Kernelement ist das zentrale elektronische Informationsregister oder – wie es in Rheinland-Pfalz treffender heißt – die Transparenz-Plattform. Die Verwaltung und andere aufgelistete Stellen sind verpflichtet, aktiv Informationen in das Informationsregister nach Maßgabe des Gesetzes einzupflegen[9] bzw. auf der Plattform von Amts wegen bereitzustellen.[10] Diese objektiv-rechtliche Pflicht der Verwaltung zur Veröffentlichung bestimmter Informationen wird ausdrücklich um einen subjektiven Anspruch der Bürger und Bürgerinnen ergänzt. Es besteht ein Anspruch darauf, dass die zu veröffentlichenden Informationen gesetzesentsprechend bereitgestellt werden.[11] Diese Ergänzung ist sinnvoll. Denn die im öffentlichen Recht übliche Formel, dass objektivrechtlichen Pflichten nur dann subjektive Rechte entsprechen, wenn sie zumindest auch Individualinteressen zu dienen bestimmt sind, könnte im Kontext der Veröffentlichungspflichten nach den Transparenzgesetzen Schwierigkeiten bereiten. In Rheinland-Pfalz wird der subjektive Anspruch durch die vorgesehene Rückmeldefunktion der

---

8 Hinter dem HmbTG stand eine Volksinitiative des Vereins Mehr Demokratie!, des Chaos Computer Club und von Transparency International. Die Entstehungsgeschichte des Gesetzes wird prägnant dargestellt bei *Schnabel*, Das neue Hamburgische Transparenzgesetz – Informationsregister, Datenschutz und Betriebs- und Geschäftsgeheimnisse, NordÖR 2012, S. 431 (431 ff.).
9 § 2 Abs. 8 HmbTG.
10 § 2 Abs. 1 S. 1 des Gesetzentwurfs zum Transparenzgesetz Rheinland-Pfalz (Fn. 5).
11 § 1 Abs. 2 HmbTG, § 2 Abs. 1 S. 2 des Gesetzentwurfs zum Transparenzgesetz Rheinland-Pfalz (Fn. 5).

Transparenz-Plattform flankiert. Sie soll es den Bürgern und Bürgerinnen ermöglichen, auf Informationsdefizite und Informationswünsche aufmerksam zu machen.[12] Zu den wichtigen Ausgestaltungskomponenten gehört auch, dass die Nutzung und Weiterverwendung erlangter Informationen im Grundsatz frei sein soll. Vorgaben etwa an das Format oder die Les- und Druckbarkeit sollen dies mitgewährleisten.[13]

Mit all dem sind Informationsregister oder Transparenzplattform eine wesentliche Weiterentwicklung der Informationsfreiheitsgesetze, und sie beheben eine zentrale Schwäche dieser Gesetze. Es war oft eine Hürde für die Realisierung des Informationsanspruchs, dass der Zugang relativ aufwändig und dass nur begrenzt bekannt war, welche Informationen über welche Angelegenheiten bei welcher staatlichen Stelle abgefragt werden können. Ein Portal im Internet entspricht den modernen Kommunikationsweisen in der digitalen Gesellschaft. Das gilt umso mehr, je besser es gestaltet und mit Leben oder: mit Informationen gefüllt wird. Hier stellen sich einige Fragen der praktischen Realisierung von der Softwarewahl bis zur Mitarbeiterschulung. Das Portal und seine Pflege sind erkennbar aufwändig, aber, wenn gut gemacht und aktuell gehalten, den Aufwand wert. Einmal etabliert, kann ein solches Portal wiederum von Auskunftsersuchen oder Nachfragen entlasten. In Hamburg wird das Informationsregister viel genutzt, am Anfang mit etwa zwei Millionen Anfragen pro Monat, jetzt sind es ca. eine Million; häufige Suchbegriffe richteten sich zunächst auf die Elbphilharmonie, jetzt auf Olympia, aber es gibt auch viele weitere Recherchen.

2. Die Veröffentlichungspflicht knüpft zum einen an bestimmte Stellen, zum anderen an bestimmte Informationen an. Weitere Voraussetzungen hat sie nicht. Bei den veröffentlichungspflichtigen Stellen gehört die mittelbare Staatsverwaltung zu den strittigen Punkten, und auch bei der Konkretisierung der einzupflegenden Inhalte gibt es Streitfragen[14], etwa was alles unter „Gutachten" und „Studien" fällt. Zum Kernanliegen der Volksinitiative gehörte in Hamburg die Veröffentlichung bestimmter, von den Behörden

---

12 § 6 Abs. 2 des Gesetzentwurfs zum Transparenzgesetz Rheinland-Pfalz (Fn. 5).
13 § 10 Abs. 1 und 5 HmbTG, § 8 Abs. 3 und 4 des Gesetzentwurfs zum Transparenzgesetz Rheinland-Pfalz (Fn. 5).
14 Vgl. auch die Ausführungen bei *Schnabel* (Fn. 8), S. 433 f.

geschlossener Verträge. Das hat einige Widerstände hervorgerufen, ist aber jetzt obligatorisch bei den Verträgen der Daseinsvorsorge und soll im Grundsatz auch bei Verträgen erfolgen, „an deren Veröffentlichung ein öffentliches Interesse besteht".[15] Ebenso müssen Subventions- und Zuwendungsvergaben mit schwellenbezogenen Differenzierungen grundsätzlich publiziert werden.[16] In Hamburg ist der Katalog nicht abschließend, sondern wird durch eine Soll-Norm auf Informationen von vergleichbarem öffentlichem Interesse erweitert. Vermehrte Anträge auf Zugang zu einem bestimmten Informationstypus oder die öffentliche Diskussion eines Themas sollen Indikatoren für ein solches Interesse sein.[17]

3. Die so begründete Verwaltungstransparenz ist allerdings eine *limitierte* Transparenz.[18] Die entgegenstehenden Belange – öffentliche Belange, Belange des behördlichen Entscheidungsprozesses, Belange Privater – werden im Hamburger Gesetz teilweise spezifisch konkretisiert, je nachdem, ob es um die Veröffentlichungspflicht oder um den Informationszugang auf Antrag geht.[19] Das macht durchaus Sinn. Die nachteiligen Folgen können nämlich bei der Portalöffentlichkeit deutlich weiter reichen als beim Zugang auf Antrag. Portalöffentlichkeit heißt bei der gegenwärtigen technischen Gestaltung prinzipiell auch Suchmaschinenöffentlichkeit, und diese hat der EuGH in der Google-Entscheidung zum sogenannten Recht auf Vergessenwerden als tendenziell besonders belastend eingestuft.[20]

---

15 § 3 Abs. 1 Nr. 4, Abs. 2 Nr. 1 HmbTG. Zur Diskussion übergreifend etwa *Beaucamp*, Zur Transparenz vertraglichen Handelns des Staates, NordÖR 2014, S. 149 (149 ff.).
16 Vgl. §§ 3 Abs. 1 Nr. 14, 9 Abs. 2 Nr. 2 HmbTG, § 7 Abs. 1 Nr. 11 des Gesetzentwurfs zum Transparenzgesetz Rheinland-Pfalz (Fn. 5). Zum Erfordernis schwellenbezogener Differenzierung EuGH, Urt. v. 9.11.2010 – Rs. C-92/09 und C-93/09 (Schecke/Eifert), Rn. 79 ff., abrufbar unter curia.europa.eu (Abruf 22.04.2015).
17 Begründung zum Entwurf eines Hamburgischen Transparenzgesetzes (Fn. 5), S. 16.
18 Zur „limitierten Transparenz" etwa *Wagner/Brink*, Informationsfreiheit und Transparenz in der Drittmittelforschung, Zeitschrift für Landes- und Kommunalrecht Hessen, Rheinland-Pfalz, Saarland (LKRZ) 2014, S. 1 (3).
19 Vgl. § 4 HmbTG.
20 EuGH, Urt. v. 13.5.2014 – Rs. C-131/12 (Google Spain und Google Inc.), Rn. 36 ff., 80 ff., abrufbar unter curia.europa.eu (Abruf 22.04.2015).

Der Schutz personenbezogener Daten gehört zu den Gegenbelangen, die in der Rechtswissenschaft und in der Praxis relevant sind. Datenschutz und Informationsfreiheit sind zwar nicht unter jedem Aspekt Gegenspieler. Sie sind aber keineswegs zwei Seiten *einer* Medaille.[21] Ein besonderer Knackpunkt sind Zweckfestlegung und Zweckbindung als Prinzipien des Datenschutzes. Danach müssen bei der Erhebung personenbezogener Daten die Zwecke festgelegt werden, zu denen diese Daten verwendet werden sollen. Die weitere Datenverarbeitung ist an diese Zwecke grundsätzlich gebunden. Datenschutz richtet sich schon lange nicht mehr nach dem Muster „einerseits geheim oder privat, andererseits öffentlich bekannt und beliebig verwendbar". Er gestaltet sich relativ mit Rücksicht auf den jeweiligen Verwendungszusammenhang. Zweckfestlegung und Zweckbindung ermöglichen zum einen die Konkretisierung der Verwendungszusammenhänge und gewährleisten zum anderen, dass die betroffene Person überblicken kann, was mit ihren Daten geschieht und welches Wissen andere daraus gewinnen.[22] Bereits der Informationszugang anderer Privater, erst recht aber die Veröffentlichung in einem Internetportal hebt die Möglichkeit einer Zweckfestlegung und Zweckbindung allerdings praktisch auf. Werden personenbezogene Daten in dieser Weise veröffentlicht, müssen sich die Betroffenen darauf einstellen, dass jeder andere die entsprechenden Informationen haben und prinzipiell beliebig verwenden kann.

Die Lösung des Hamburger Transparenzgesetzes differenziert: Bei der Veröffentlichung im Informationsregister sind personenbezogene Daten grundsätzlich, d. h. von aufgelisteten Ausnahmen abgesehen, unkenntlich zu machen. Sie werden nach Möglichkeit durch ein Erkennungsprogramm oder auch manuell identifiziert und geschwärzt. Im Falle eines Antrags auf Informationszugang steht der Datenschutz eher zurück, nämlich unter

---

21 In diesem Sinne aber etwa aus den Zeiten der Etablierung der Informationsfreiheitsgesetze Bundesbeauftragter für den Datenschutz, 20. Tätigkeitsbericht (2003/2004), BT-Drs. 15/252, S. 26; Arbeitsgemeinschaft der Informationsbeauftragten in Deutschland, DuD 2005, S. 290 (290).
22 Ausf. dazu *Albers*, Informationelle Selbstbestimmung, 2005, S. 497 ff.; *dies.*, Umgang mit personenbezogenen Informationen und Daten, in: Hoffmann-Riem/Schmidt-Aßmann/Voßkuhle (Hrsg.), Grundlagen des Verwaltungsrechts Bd.II, 2. Aufl. 2012, § 22 Rn. 123 ff.

anderem dann, wenn ein schutzwürdiges Interesse an der Information besteht und überwiegende schutzwürdige Belange nicht entgegenstehen.[23]

Im Unterschied dazu behandelt der Gesetzentwurf in Rheinland-Pfalz die entgegenstehenden Belange in einheitlichen Regelungen. Er differenziert dabei nicht zwischen Veröffentlichungspflicht und Zugang auf Antrag. Beide Formen des Informationszugangs unterbleiben im Falle eines Bekanntwerdens personenbezogener Daten Dritter, es sei denn, es gibt eine Einwilligung, die Offenbarung ist erlaubt oder das öffentliche Interesse an der Bekanntgabe überwiegt.[24] Zu den Rechtsvorschriften, die eine Offenbarung erlauben, soll § 16 Landesdatenschutzgesetz gehören.[25] Diese Norm wird allerdings von einer ganz anderen Systematik und dabei unter anderem von den Prinzipien der Zweckfestlegung und Zweckbindung geprägt.[26] Die Lösungen sind hier insgesamt schwierig, und auch bei der dritten Variante, der Abwägung zwischen Bekanntgabe- und Datenschutzinteressen, sind sie noch nicht ausgereift.[27]

Ähnlich praxisrelevant wie der Datenschutz ist der Schutz von Betriebs- und Geschäftsgeheimnissen. Inzwischen gibt es dazu aber höchstrichterliche Rechtsprechung. Sie stellt unter anderem klar, dass Betriebs- und Geschäftsgeheimnisse nicht nur einen Geheimhaltungswillen, sondern auch ein berechtigtes Geheimhaltungsinteresse voraussetzen.[28] Dabei kommt es darauf an,

---

23 § 4 HmbTG.
24 §§ 16 und 17 des Gesetzentwurfs zum Transparenzgesetz Rheinland-Pfalz (Fn. 5).
25 Begründung des Gesetzentwurfs zum Transparenzgesetz Rheinland-Pfalz (Fn. 5), S. 74.
26 § 16 Abs. 4 LDSG Rheinland-Pfalz; umfassender zu den Regelungsprinzipien der Datenübermittlung an nicht-öffentliche Stellen nach den Datenschutzgesetzen *Albers*, in: Wolff/Brink (Hrsg.), Beck OK Datenschutzrecht, Edition 13, § 16 Rn. 1 ff.
27 Vgl. näher *Albers*, Grundlagen und Ausgestaltung der Informationsfreiheitsgesetze, ZJS 2009, S. 614 (622 f.), abrufbar unter www.zjs-online.com/dat/artikel/2009_6_248.pdf (Abruf 14.04.2015); *Masing*, Transparente Verwaltung: Konturen eines Informationsverwaltungsrechts, Veröffentlichungen der Vereinigung der Deutschen Staatsrechtslehrer (VVDStRL) Bd. 63 (2004), S. 377 (399 ff.).
28 BVerfGE 115, 205 (229 ff.); BVerwG, Beschl. v. 25.07.2013, Az. 7 B 45.12, Rn. 10 m.w.N., http://www.bverwg.de (Abruf 23.04.2015).

ob die Publizität der jeweiligen Angaben die Wettbewerbs- und Existenzfähigkeit des Unternehmens beeinträchtigte. Im Hamburger Transparenzgesetz wird dies ziemlich detailliert legaldefiniert; Verfahrensregelungen und Darlegungslasten kommen hinzu.[29] Der frühere Zustand, dass nahezu alle betriebsbezogenen Angaben als Geheimnisse deklariert wurden, soll dadurch Vergangenheit sein.

III. Abschluss

Zum Abschluss ein Resümee. Ich selbst halte die Transparenzgesetze, insbesondere das Informationsregister oder Transparenzportal, für einen großen Fortschritt. So wie man sich die Gesellschaft kaum noch ohne Internet vorstellen kann, wird man sich den Staat in einigen Jahren vielleicht auch nicht mehr ohne angemessene Transparenzportale vorstellen können. Sie sind eine richtige Reaktion auf die Informationsgesellschaft und auf den gesellschaftlichen Wandel mit den eingangs beschriebenen Kennzeichen.

Natürlich bedeuten der Aufbau und dann auch die Pflege solcher Portale eine besondere Anstrengung. Neben praktischen müssen viele neue rechtliche Fragen bewältigt werden: welche Stellen Informationen einpflegen müssen, welche Informationen wie einzustellen sind und wie man die Grenzen konkretisiert, die es zahlreich gibt und geben muss. Viele Bürger und Bürgerinnen hätten aus gegebenem Anlass gerne umfassenden Einblick in die Arbeit der Nachrichtendienste, aber hier müssen vor allem andere Kontrollformen effektiviert werden.[30] Das Verhältnis von Informationszugang und Datenschutz wirft schwierige Fragen auf. In Hamburg hat sich in der gut zweijährigen Erfahrung mit dem Transparenzgesetz gezeigt, dass die Fragen

---

29 § 7 HmbTG.
30 Nachrichtendienste sind im Rechtsstaat keine „Geheimdienste". Selbstverständlich gibt es unter bestimmten Voraussetzungen Informations-, insbesondere Auskunfts- und Benachrichtigungsansprüche betroffener Bürger und Bürgerinnen. Außerdem muss sich die Tätigkeit im Rahmen normklar zu gestaltender Rechtsgrundlagen halten. Ein umfassender Einblick in die Tätigkeit der Nachrichtendienste scheidet allerdings wegen spezifischer Geheimhaltungserfordernisse aus. Das darauf zugeschnittene und rechtsstaatlich gebotene Kontrollsystem ist, darüber besteht weitgehend Konsens, verbesserungsbedürftig.

Schritt für Schritt bewältigt werden müssen und können. Wie viele andere moderne Gesetze sind Transparenzgesetze ein Lernprozess und erfordern Evaluationen und Nachbesserungen, also eine lernende Gesetzgebung und Verwaltung oder ein „lernendes" Recht.[31] Trotz großer anfänglicher Skepsis wird dem Hamburger Transparenzgesetz überwiegend Erfolg bescheinigt. Es kommt bei den Bürgern und Bürgerinnen gut an. Ich wünsche mir, dass Rheinland-Pfalz als Flächenland diesen Weg weiterweist.

---

31 Vgl. dazu *Albers*, Evaluation sicherheitsbehördlicher Kompetenzen: Schritte von der symbolischen Politik zum lernenden Recht, Verwaltungsarchiv Bd. 99 (2008), S. 481 (484 ff.). Zur Evaluation des Informationsfreiheitsgesetzes Rheinland-Pfalz s. den Evaluationsbericht des Instituts für Gesetzesfolgenabschätzung und Evaluation (Ziekow/Sicko/Piesker), Juni 2012.

Edgar Wagner
Rechtspolitische Perspektiven

Sehr geehrter Herr Professor Raab,
meine Damen und Herren,

I.

Ich danke Ihnen, Herr Professor Raab, für die Einladung, mit Ihnen zusammen den 15. Geburtstag des Instituts für Rechtspolitik zu feiern und diesen Tag einem ebenso aktuellen wie spannenden Thema, nämlich unserem derzeit in der Entstehung begriffenen Transparenzgesetz, zu widmen.

Wenn man sich mit der transparenten Verwaltung im Allgemeinen und dem geplanten rheinland-pfälzischen Transparenzgesetz im Besonderen befasst, sollte man bedenken, dass derzeit in der Wissenschaft, in den Medien und in der Politik eine breite und auch kontroverse Diskussion über den Stellenwert von Transparenz und ihr rechtes Maß geführt wird und zwar nicht nur mit Blick auf den Staat und seine Verwaltung, sondern auch mit Blick auf nicht staatliche Bereiche, die Wirtschaft etwa oder die Gesellschaft insgesamt, wobei insoweit ganz gegensätzliche Diskussionsrichtungen festzustellen sind.

Während für bestimmte Wirtschaftsbereiche mehr Transparenz gefordert wird, wird die zunehmende Selbsttransparenz in der Gesellschaft und die digitale Durchschaubarkeit der Menschen mit großer Sorge beobachtet.

Da diese außerstaatlichen Entwicklungen mit der aktuellen Diskussion über die Transparenz im Staat durchaus zusammenhängen, möchte ich sie zunächst ganz kurz skizzieren, um dann auf mein eigentliches Thema, die transparente Verwaltung, näher einzugehen.

Wesentliche Ursachen für die weltweite Finanz- und Wirtschaftskrise waren nach einer US-amerikanischen Untersuchung die völlig intransparenten Wertpapiere und die hochkomplizierten, völlig realitätsfernen Computermodelle der Wall Street, die keiner – auch kein Insider – mehr verstand. Die weltweite Krise führte immerhin dazu, dass sowohl auf nationaler wie auf europäischer Ebene versucht wurde, mehr Transparenz im Finanzdienstleistungsbereich herbeizuführen.

Mehr Licht will man auch in den algorithmischen Hochfrequenzhandel und die sogenannten Dark Pools der Banken bringen, also in den außerbörslichen Handel, in dem mehr als 600 Billionen US-Dollar bewegt werden, obwohl kaum einer weiß, wem die dabei eingesetzten Supercomputer gehören, wer die entsprechenden Algorithmen entwickelt und was diese bezwecken.

Aber nicht nur die Algorithmen der Wall Street werden mit Transparenzforderungen konfrontiert, sondern auch die des Silicon Valley und seiner Großunternehmen, die je für sich eine Black Box darstellen, in der zwar viele wichtige Informationen enthalten sind, die aber alle vor den digitalen Nutzerinnen und Nutzern verborgen werden. „Sie geben alles" – schrieb die Süddeutsche Zeitung im vergangenen Jahr – „und erfahren nichts."

Der Mitherausgeber der FAZ, Frank Schirrmacher, hatte deshalb noch kurz vor seinem Tod nachdrücklich die Offenlegung solcher Algorithmen gefordert. Hiesige IT-Unternehmer und Politiker haben diese Forderung aufgegriffen. Wenn die Formel des US-amerikanischen Rechtswissenschaftlers Lawrence Lessig zutrifft – Codes seien die neuen Gesetze, also „Code is law" – dann müssen sie auch öffentlich nachvollziehbar kontrolliert werden können.

Die digitalen Großunternehmen stellen aber nicht nur eine riesige Black Box dar, sondern sind auch eine hocheffiziente Transparenzmaschine.

Wovon die Fürsten des Absolutismus nur träumen konnten, haben die Großfürsten des Internet realisiert. Sie wissen alles von uns, jedenfalls fast alles. Sie sind dabei, den gläsernen Menschen zu schaffen.

„Wir wissen, wo du bist, wir wissen wo du warst. Wir können mehr oder weniger wissen, was du gerade denkst",

sagte vor einiger Zeit Eric Schmidt, der Aufsichtsratsvorsitzende von Google. Und als sein Unternehmen für drei Milliarden US-Dollar die US-Haushaltstechnik-Firma NEST erwarb, ergänzte deren Vorstandsvorsitzender:

„Wir wissen auch, ob du zu Hause bist und ob du gerade deinen Toast verbrennst."

Ob man diese Entwicklung aufhalten kann, ist fraglich. Immerhin wird der Versuch in Form der derzeit diskutierten Europäischen Datenschutzgrundverordnung unternommen, die mit Blick auf die digitalen Großunternehmen an acht Stellen des Verordnungstextes mehr Transparenz fordert und gleichzeitig den Bürgerinnen und Bürgern ein Stück mehr digitale Selbstbestimmung zurückgeben will.

II.

Erlauben Sie mir, meine Damen und Herren, dass ich die Europäische Datenschutzgrundverordnung zum Anlass nehme, in aller Kürze auch auf die Transparenz der Europäischen Union und deren Transparenzinitiativen für die Mitgliedstaaten einzugehen.

In der europäischen Grundrechtscharta ist zwar das Gebot der Offenheit und Transparenz für die EU-Organe festgeschrieben, so dass auch der Gedanke der Verwaltungstransparenz Grundrechtscharakter hat. Aber es gibt auch substanzielle Einschränkungen und eine zum Teil gegenläufige Praxis.

Sie beginnt bereits bei der Gesetzesberatung, wie die Beratungen zur Europäischen Datenschutzgrundverordnung zeigen. Denn die Verhandlungsdokumente des Rates, also der 2. Gesetzgebenden Kammer der Union, sind nicht öffentlich.

Für andere Verhandlungen – etwa die über internationale Verträge und Abkommen – gilt Ähnliches. Dies wurde bereits beim Anti-Piraterie-Abkommen deutlich. ACTA wurde auch wegen der öffentlichen Kritik an der als intransparent empfundenen Verhandlungsführung nicht ratifiziert. Ähnliches steht uns womöglich auch mit Blick auf das Freihandelsabkommen mit den USA – dem TTIP – ins Haus.

Auch die Umsetzung des Informationsfreiheitsrechts lässt auf europäischer Ebene zu wünschen übrig. Das gilt besonders für die Europäische Kommission, die sich nicht selten zugeknöpft gibt und selbst den Abgeordneten des Europäischen Parlaments den Zugang zu EU-Dokumenten verwehrt. Die niederländische Europa-Abgeordnete Sophie in 't Veld hat dies im Europaparlament kürzlich zu folgendem Redebeitrag veranlasst:

„There is no culture of transparency in the European Commission. And I testify that, because I actually took the commission to court in a case, where they refuse access to documents. I took the council to court and I am very ready to take the Commission to court again and I am pretty sure that will happen."

Nicht nur Abgeordnete, auch immer mehr EU-Bürger verlangen von den Institutionen der EU Akteneinsicht. Nach dem aktuellen Bericht der

EU-Bürgerbeauftragten ist fast jede vierte Beschwerde von Bürgerinnen und Bürgern eine Klage wegen mangelnder Transparenz der EU-Verwaltung. Die Europäische Union sorgt aber nicht nur für Intransparenz, sondern auch für Transparenz und zwar auch in ihren Mitgliedstaaten, nicht zuletzt auch mit Blick auf deren Verwaltungen, etwa durch die Richtlinie des Europäischen Rates vom 7. Juni 1990 über den freien Zugang zu Informationen über die Umwelt.

III.

Diese Richtlinie führte in allen Mitgliedstaaten der EU zu Umweltinformationsgesetzen, auch in Deutschland. Aber nirgendwo tat man sich so schwer damit, wie bei uns.

Denn gemäß Art. 9 Abs. 1 der Richtlinie war sie bis zum 31. Dezember 1992 umzusetzen. Die Umsetzung erfolgte aber in Deutschland zum einen verspätet, und zum anderen inhaltlich zu restriktiv weil sie versuchte, mit hohen Gebühren das Informationsrecht der Bürgerinnen und Bürger zu erschweren, womöglich zu verhindern, was schließlich dazu führte, dass der Europäische Gerichtshof die Bundesrepublik im September 1999 verurteilte, Anpassungen des UIG vorzunehmen, die allerdings auch erst im August 2001 beschlossen wurden.

Nun ist es nicht ganz ungewöhnlich, dass die Bundesrepublik europäisches Recht nicht zügig und korrekt umsetzt. In diesem Falle war es aber fast zu erwarten. Denn die Vorbehalte gegen Verwaltungstransparenz haben bei uns eine über 200-jährige Geschichte.

Nach der Paulskirchenverfassung hatte das Bürgertum zwar *seine* öffentlich tagenden Parlamente durchgesetzt, die Verwaltung blieb in Zeiten der konstitutionellen Monarchie aber dem monarchischen Prinzip und damit dem Prinzip des Amtsgeheimnis verpflichtet. Während der Weimarer Republik gab es zwar Versuche, auch die Verwaltung transparenter zu gestalten; es gab aber keine Beamten, die dies mitgetragen hätten. Und als nach dem 2. Weltkrieg das Grundgesetz verabschiedet worden war, war die Öffentlichkeit so diskreditiert, dass man besser nicht auf sie setzen wollte. Im Übrigen gab es in diesen Nachkriegsjahren so viel zu verbergen, was besser nicht das Licht der Öffentlichkeit erblicken sollte. Und als man dieses nicht mehr scheute, hörte man noch lange und bis in unsere Zeit, dass man gerade jetzt andere Probleme habe und sich nicht noch mehr Öffentlichkeit mit den damit verbundenen Belastungen leisten könne.

Deshalb verwundert es auch nicht, dass es zu Beginn des 21. Jahrhunderts bereits in aller Welt Informationsfreiheitsgesetze gab – in den USA ebenso wie in Mexiko, in Skandinavien wie in Frankreich, Belgien, Griechenland und Großbritannien, um nur ein paar Beispiele zu nennen – bis dann endlich im Jahre 2006 auch im Bund ein entsprechendes Gesetz in Kraft gesetzt wurde.

Die Länder waren zum Teil geringfügig schneller, überwiegend aber noch langsamer als der Bund. Zu ihnen gehörte auch Rheinland-Pfalz, das bisher als letztes Bundesland ein Informationsfreiheitsgesetz erlassen hat. Ich komme darauf noch zurück. Im Übrigen gibt es in fünf Bundesländern bis heute kein Informationsfreiheitsgesetz, nämlich in Bayern, Baden-Württemberg, Hessen, Sachsen und in Niedersachsen.

Auch wenn Verwaltungstransparenz nicht nur mit Hilfe von Informationsfreiheitsgesetzen, Umweltinformationsgesetzen und Verbraucherinformationsgesetzen hergestellt wird, sondern zum Beispiel auch mit ganz profaner Öffentlichkeitsarbeit der Behörden einschließlich ihrer ausdifferenzierten Webpräsenz, sind die Informationsfreiheitsgesetze doch ein wichtiger Indikator dafür, wie transparent bei uns die Verwaltungen sind.

Denn diese Gesetze geben den Bürgerinnen und Bürgern das Thematisierungsmonopol. Das heißt, sie bestimmen, worüber sie Informationen haben und inwieweit sie am staatlichen Wissen teilhaben wollen. Auf diese Weise kommen eben auch Informationen ans Tageslicht, welche die Verwaltung von sich aus nicht ohne Weiteres preisgeben würde – aus welchen Gründen auch immer: weil dafür keine Veranlassung gesehen wird, weil damit zusätzlicher Aufwand verbunden wäre, kritische Nachfragen zu erwarten sind oder vielleicht eigenes Fehlverhalten offenbar würde.

Informationsfreiheitsgesetze sind deshalb die demokratische Grundlage der Verwaltungstransparenz oder – anders ausgedrückt – die einem Verfassungsstaat gemäße Form von Verwaltungspräsenz.

Das hat der 1989 verstorbene Heidelberger Politikwissenschaftler und Publizist Dolf Sternberger auf den Punkt gebracht, als er feststellte:

> „Ein Verfassungsstaat ist ein kompliziertes Gebilde. Eine Diktatur ist einfacher beschaffen. Sie sieht jedenfalls einfacher aus, ist aber undurchsichtig. Der

Verfassungsstaat ist kompliziert, aber durchsichtig. Durchsichtig dank der Freiheit der Information."

So gesehen, meine Damen und Herren, haben wir in der Bundesrepublik mittlerweile den Anschluss an den internationalen Standard in Fragen der Verwaltungstransparenz erreicht, jedenfalls dem Grunde nach. Dass es Unterschiede in der Reichweite der Gesetze und in ihrer Handhabung gibt, will ich Ihnen aber wenigstens an einem Beispiel deutlich machen.

In der Bundesrepublik wurde vor einigen Jahren ein IFG-Antrag auf Zugang zum Terminkalender der Bundeskanzlerin abgelehnt und diese Ablehnung von zwei Gerichtsentscheidungen bestätigt. In den USA wurde dagegen im vergangenen Jahr Jenet Yellen, die Präsidentin der FED, also der US-amerikanischen Zentralbank, gerichtlich gezwungen, auf der Grundlage des dortigen Freedom of Information Acts ihren Terminkalender zu veröffentlichen, so wie vor wenigen Wochen in Großbritannien der britische Thronfolger durch Gerichtsentscheid verpflichtet wurde, seine bis dahin nicht öffentliche Korrespondenz mit dem britischen Premierminister der Öffentlichkeit zugänglich zu machen.

Ich will das nicht im Einzelnen hinterfragen, sondern nur deutlich machen, dass Staaten, in denen die staatliche Transparenz eine größere Tradition hat als bei uns, sich offenbar im Zweifel auch eher für Transparenz und weniger für entgegenstehende Belange entscheiden.

Natürlich müssen auch diese entgegenstehenden Belange geschützt werden, die Geheimnisse der Bürgerinnen und Bürger und die Arbeitsfähigkeit des Staats vor allem. Dies ergibt sich bereits aus unserer Verfassungsordnung. Deshalb ist Transparenz in einem Verfassungsstaat immer eine limitierte, eine begrenzte Transparenz. Eine totale Transparenz wäre Verfassungsverstoß und Albtraum zugleich.

Die Kunst besteht darin, eine sachgerechte Grenze zu ziehen und dabei nicht aus dem Auge zu verlieren, dass das eine – die Öffentlichkeit – die Regel ist und das andere – die Geheimhaltung – die Ausnahme, wobei es nicht schaden kann, sich dabei an den Staaten zu orientieren, die mit dieser Grenzziehung mehr Erfahrung haben als wir selbst.

IV.

Wie sieht es nun mit der Verwaltungstransparenz in Rheinland-Pfalz aus? Bei uns gibt es zwar seit 2005 ein Umweltinformationsgesetz und seit 2009 ein Informationsfreiheitsgesetz, aber erst seit Anfang 2012 einen Informationsfreiheitsbeauftragten, dessen Aufgaben seither in Personalunion vom Landesdatenschutzbeauftragten wahrgenommen werden.

Landtag und Landesregierung hatten zunächst die Auffassung vertreten, dieses Amt – das es im Bund und in den Ländern bereits gab – sei verzichtbar, da sich die Bürgerinnen und Bürger mit ihren Anliegen zum Informationszugangsrecht auch an den Bürgerbeauftragten wenden könnten. Allerdings taten sie dies nicht, weil kaum jemand das Gesetz kannte. Weniger als 20 Eingaben zählte der Bürgerbeauftragte in dieser Zeit.

Mit dem Ziel, stärker für das Informationsfreiheitsgesetz zu werben, war dann das Amt des Informationsfreiheitsbeauftragten im Mai 2011 im Koalitionsvertrag der neuen rot/grünen Landesregierung unter dem damaligen Ministerpräsidenten Kurt Beck vereinbart und wenige Monate später vom Landtag durch eine entsprechende Gesetzesänderung auch eingeführt worden.

Kurze Zeit später wurde dann der gesetzlich vorgeschriebene Evaluationsbericht zum rheinland-pfälzischen Informationsfreiheitsgesetz von Prof. Ziekow vorgelegt, ohne dass die darin enthaltenen Novellierungsvorschläge damals bereits aufgegriffen worden wären.

Das erfolgte erst in der ersten Regierungserklärung der neu gewählten Ministerpräsidentin Malu Dreyer, in der sie im Januar 2013 ein neues Transparenzgesetz und darin eine Überarbeitung des Informationsfreiheitsgesetzes angekündigt hat.

Meine Behörde hat diese Entwicklung intensiv begleitet, wobei wir auch in die Ausarbeitung des Gesetzentwurfes eingebunden waren und jetzt auch eine Stellungnahme zum vorgelegten Referentenentwurf abgegeben haben, der auch auf der Partizipationswebseite der Landesregierung nachzulesen ist.

Ich will deshalb aus der Sicht des rheinland-pfälzischen Informationsfreiheitsbeauftragten ein paar Anmerkungen zur allgemeinen Entwicklung des Informationsfreiheitsrechts im Lande machen und dann das geplante Transparenzgesetz kurz bewerten.

a) Was die Entwicklung der Informationsfreiheit im Land anbelangt lässt sich immerhin feststellen, dass die Nachfrage in den zurückliegenden fünf Jahren wie im Bund und in den übrigen Ländern von einem niedrigen Niveau aus stetig zugenommen hat. Waren anfangs pro Jahr nur wenig mehr als 100 IFG-Anträge registriert worden, stieg diese Zahl bis 2011 auf rund 500 Anträge und liegt derzeit schätzungsweise bei etwa 1.000 Verfahren, wobei meine Behörde sicherlich in mehr als 10 % der Fälle – sei es von den Antragstellern, sei es von den Behörden – mit der Bitte um Beratung mit einbezogen wird.

b) Auch wenn die Behörden dem Informationsfreiheitsrecht teilweise immer noch skeptisch gegenüberstehen, schlägt sich dies nicht in ihrer Entscheidungspraxis nieder. Denn mit 15 % ist die Ablehnungsquote bei uns deutlich geringer als auf Bundesebene, wo sie – jedenfalls 2012 – immerhin bei 24 % lag.

c) Von Gewicht waren und sind auch unterschiedliche Auffassungen über die Auslegung der ein oder anderen Vorschrift des Informationsfreiheitsgesetzes. Während das Innenministerium in seinen als Verwaltungsvorschrift erlassenen Anwendungshinweisen die Auffassung vertritt, dass Hochschulen keine Verwaltungstätigkeit ausübten und deshalb von vornherein nicht unter das Informationsfreiheitsgesetz fielen, vertritt der Informationsfreiheitsbeauftragte die entgegengesetzte Auffassung, was vor allem zu Auseinandersetzungen bei IFG-Anfragen führte, welche die Drittmittelforschung betreffen.

Dabei gehen wir nicht von einer totalen Transparenz, sondern auch in diesem Zusammenhang nur von einer limitierten Transparenz aus. Wo also Betriebsgeheimnisse der Drittmittelgeber oder die Forschungsfreiheit der Hochschulen durch Offenlegung von Informationen verletzt würden, wäre natürlich eine Grenze erreicht. Dies ist aber nicht zwangsläufig der Fall, sondern im Einzelfall zu prüfen.

d) Zumindest in rechtspolitischer Hinsicht – möglicherweise auch in verfassungsrechtlicher Hinsicht – war und ist es auch umstritten, die Sparkassen und die Selbstverwaltungskörperschaften der Wirtschaft und der Freien Berufe – also die Kammern – *ausdrücklich* vom Anwendungsbereich des Informationsfreiheitsgesetzes auszunehmen. Ob es dafür einen stichhaltigen Grund gibt, ist schon deshalb zweifelhaft, weil eine solche Bereichsausnahme in keinem anderen Informationsfreiheitsgesetz enthalten ist, übrigens auch nicht in den europarechtlich vorgegebenen Umweltinformationsgesetzen. Legitime Geheimhaltungsinteressen, die es natürlich auch in diesen Bereichen gibt, lassen sich über die entsprechenden Schutzvorschriften des Informationsfreiheitsgesetzes hinreichend wahren.

e) Festzustellen war auch die zunehmende Erwartung, die gewünschten Informationen über das Netz in Erfahrung bringen zu können. Seit Mai 2014 gibt es – ebenso wie im Bund und in den Ländern – auch in Rheinland-Pfalz das Informationsfreiheitsportal „Frag den Staat". Mit Hilfe dieses Portals und einer speziellen Suchmaske lassen sich die Informationswünsche per Mausklick an die zuständigen Behörden richten, wobei die Anfrage wie die Antworten veröffentlicht werden.

Mehr als 200 Mal wurde von dieser digitalen Option bisher in Rheinland-Pfalz Gebrauch gemacht, bundesweit waren es weit mehr als 5.000 Anfragen. Sie zeigen, dass mit diesem besonderen „Transparenzportal" auch ein leichterer Zugang zur Informationsfreiheit möglich ist.

f) Bemerkenswert war in den zurückliegenden Jahren auch eine Entwicklung die – parallel zu den Informationsfreiheitsgesetzen, aber im Ergebnis wie diese – zu mehr Verwaltungstransparenz beitragen will, und zwar dadurch, dass die Behörden pro-aktiv, also von sich aus und ohne äußeren Anstoß Verwaltungsinformationen auf eigenen Webseiten ins Netz stellen.

Eine Umfrage, die wir 2012 bei den obersten Landesbehörden, den Universitäten und den Kommunen durchgeführt hatten, hatte ergeben, dass die jeweiligen Behörden in beachtlichem Umfange Daten aus den unterschiedlichsten Verwaltungsbereichen ins Netz stellen, zum Teil sogar in Open-Data-freundlicher Weise.

Diese Entwicklung, die in anderen Ländern in vergleichbarer Weise zu beobachten ist, mündete seit 2013 in verschiedene Open-Data-Portale, zu denen Gov-Data des Bundes und ein vergleichbares rheinland-pfälzisches Portal gehören.

Dem liegt die Idee zugrunde, Daten, die nicht geheimhaltungsbedürftig und deshalb offen sind, der Allgemeinheit möglichst kostenfrei und in maschinell lesbarer Form zur freien Nutzung und Weiterverwendung zur Verfügung zu stellen.

Solche Portale stecken in Deutschland allerdings noch in den Kinderschuhen, während sie zum Beispiel in den USA, in Kanada und auch in Großbritannien längst zum Verwaltungsalltag gehören, was vor allem auch bedeutet, dass dort die entsprechenden Datensätze nicht nur freiwillig, sondern aufgrund gesetzlicher Verpflichtung veröffentlicht werden.

Damit, meine Damen und Herren, bin ich bei dem angekündigten rheinland-pfälzischen Transparenzgesetz angelangt, das nach Hamburger Vorbild genau dieses will: eine gesetzliche Verpflichtung zur Veröffentlichung so genannter offener Daten in einem internetbasierten Transparenzportal.

Lassen Sie mich dazu noch ein paar wenige Anmerkungen machen. Ich gehe davon aus, dass sie dann auch in der nachfolgenden Diskussion vertieft werden können.

V.

Das Transparenzgesetz ist in dem von Frau Ministerpräsidentin Dreyer heute Morgen erwähnten Partizipationsverfahren intensiv diskutiert worden. Dabei haben sich bisher vor allem vier Themenbereiche als Diskussionsschwerpunkte herausgestellt:

- die Transparenzplattform, die dem Gesetz seinen Namen gibt,
- der gesetzlich vorgesehene Inhalt dieser Plattform,
- die fehlende Verpflichtung der Kommunen, sich an dieser Plattform zu beteiligen und
- die weitreichenden Bereichsausnahmen, die sowohl für das Antragsverfahren wie für die Plattform gelten sollen.

Bei dieser Diskussion haben sich – ganz grob und vereinfacht gesprochen – zwei Lager herausgebildet: Teile der Verwaltung, einschließlich der Verwaltungsspitzen, die vor allem die Transparenzplattform kritisch sehen oder sogar ablehnen, auf der einen Seite und auf der anderen Seite zivilgesellschaftliche Einrichtungen, die sich – von Transparency International bis Netzwerk Recherche – nachdrücklich für das Gesetz und die Transparenzplattform aussprechen, allerdings die fehlende Verpflichtung der Kommunen und die Bereichsausnahmen kritisieren.

Die Vorbehalte der Verwaltung gehen vor allem in zwei Richtungen: Zum einen werden die finanziellen Belastungen betont, die mit der Errichtung der Plattform und mit deren Befüllung einschließlich des damit verbundenen Personalbedarfs zusammenhängen. Zum anderen wird davon ausgegangen, es entstünden wahrscheinlich so genannte Datenfriedhöfe, weil die zur

Verfügung gestellten Informationen von den Bürgerinnen und Bürgern am Ende doch nicht abgerufen würden.

Auch wenn man sich selbstverständlich mit dieser Kritik auseinandersetzen muss, fügt sie sich doch in die Reihe der Vorbehalte ein, die seit 1848 von Verwaltungsseite mit immer neuen Argumenten gegen eine größere Öffnung und mehr Transparenz vorgebracht wurden. Im Kern sind diese neuen Vorbehalte nichts anderes als weitere Glieder in einer ebenso langen wie altbekannten Kette.

Frau Ministerpräsidentin Dreyer spricht im Zusammenhang mit dem Transparenzgesetz zuweilen von einem „Kulturwandel" und davon, dass man die Verwaltung bei diesem Wandel „mitnehmen" müsse. Ich möchte dazu Folgendes anmerken.

Weniger das Transparenzgesetz und die geplante Transparenzplattform stellten einen Kulturwandel dar. Dieser besteht vielmehr in der Digitalisierung der Gesellschaft, die jedenfalls auch zur Folge hat, dass die Bürgerinnen und Bürger über die Maßen Daten und Informationen von sich preisgeben müssen, und zwar nicht nur zum Vorteil von Google, Facebook und Co. – was ich eingangs dargelegt habe –, sondern auch zu Gunsten des Staates, sei es in Form der Vorratsdatenspeicherung oder der Fluggastdatenspeicherung, der Kontoabfrage oder sonstiger digitaler Datenübermittlungen.

Die Digitalisierung der Informationsbeziehung zwischen Staat und Bürgern ist aber keine Einbahnstraße und die Bürgerinnen und Bürger sind nicht nur, geschweige denn in erster Linie, digitale Datenlieferanten.

Mit den genannten Informationsansprüchen des Staates müssen ohne jeden Zweifel auch digitale Informationsansprüche der Bürgerinnen und Bürger einhergehen. Das heißt, die Digitalisierung der Staat-Bürger-Kommunikation geht nicht nur in eine Richtung. Sie führt zwangsläufig auch zur digitalen Teilhabe an staatlichem Wissen und Verwaltungsinformationen.

Politik und Verwaltung sollten diesen Zusammenhang nicht aus dem Auge verlieren. Er ist von grundsätzlicher Bedeutung. Er läuft im Ergebnis auf ein Gleichgewicht im digitalen Datentransfer hinaus. Jetzt, wo dieses Gleichgewicht technisch möglich ist, muss es auch rechtlich realisiert werden.

Eine Verwaltung, die mit großem Nachdruck von den Bürgerinnen und Bürgern immer mehr (digitale) Daten will, aber zögert, ihnen (digitale) Daten zur Verfügung zu stellen, verkennt diesen Zusammenhang. Deshalb geht es weniger darum, sie bei dem angesprochenen Kulturwandel „mitzunehmen", sondern sie auf die dargelegten Zusammenhänge aufmerksam zu machen.

VI.

Erlauben Sie mir, meine Damen und Herren, noch eine abschließende Bemerkung. Transparenz in Staat und Verwaltung löst nicht die Probleme, die man damit anpacken will. Transparenz steht auch nicht am Ende der Problemlösungskette. Sie ist nur der Anfang dieser Kette, ein Angebot.

Dieses Angebot löst noch keine Nachfrage aus, und selbst wenn sich die Bürgerinnen und Bürger informieren, heißt es nicht, dass sie die Information immer und ohne weiteres verstehen.

Möglicherweise genügt es deshalb auch nicht, eine Transparenzplattform zu schaffen; notwendig wird es wohl auch sein, dafür intensiv zu werben und – da nicht alle Informationen selbsterklärend sind – die eine oder andere Information auch zu erläutern. Darauf hat bereits die Enquete-Kommission „Aktive Bürgerbeteiligung für eine starke Demokratie" hingewiesen, die der Landtag im Jahre 2011 eingesetzt hatte.

Der Staat hat also hier und da auch eine Dolmetscheraufgabe. Aber auch daran ist gedacht. Jedenfalls sieht der Entwurf des Transparenzgesetz eine entsprechende Regelung vor.

Gewiss, der Aufwand ist groß und auch kostspielig. Aber er wird sich lohnen. Das zeigt auch die Zahl der Zugriffe auf das Hamburger Transparenzportal. Seit September 2014 bewegt sie sich zwischen einer und zwei Millionen Zugriffe pro Monat. Auch wenn Hamburg andere Probleme hat als Rheinland-Pfalz und andere Herausforderungen, sollten uns diese Zahlen doch ein Ansporn sein.

Norman Koschmieder*

Diskussion

Nach ihren Referaten stellten sich Prof. Dr. Marion Albers und Edgar Wagner der Diskussion mit dem Publikum.

Zunächst kam in einem Wortbeitrag die Frage nach der kommerziellen Verwertbarkeit der von der Verwaltung durch das Transparenzgesetz zur Verfügung gestellten Informationen auf. Während die bisherigen Informationsfreiheitsgesetze noch sehr stark in der Tradition politischer Transparenz sowie politischer Teilhabe stünden, sei die kommerzielle Komponente, die üblicherweise unter dem Stichwort „open data" diskutiert wird, noch eher gering. In ihrem Grußwort habe die Ministerpräsidentin zwar darauf hingewiesen, dass die staatliche Bereitstellung nicht primär dazu diene, Geld zu verdienen, insofern also eine kommerzielle Verwertung beschränkt sei. Aber möglicherweise beinhalteten doch genau diese Daten den größten Nutzen und Erkenntnisgewinn für die Einwohner eines Bundeslandes. Es stelle sich daher durchaus die Frage, wie lange sich eine Beschränkung der wirtschaftlichen Verwertung von Daten in einer digitalen Gesellschaft überhaupt noch durchsetzen könne.

Zudem wurde ein Kritikpunkt in die Diskussion eingebracht: Der Staat gehe einerseits immer mehr dahin über, der Öffentlichkeit Daten zur Verfügung zu stellen, die von dieser dann in jedem denkbaren Kontext genutzt werden könnten. Gleichzeitig aber möchte der Staat bzw. die Verwaltung nicht darauf verzichten, ihre eigene Datenherausgabe interpretatorisch zu begleiten, also durch Interpretationshoheit letztlich manipulativ in die Veröffentlichung dieser Daten einzugreifen.

Herr Wagner äußerte sich zunächst zum erstgenannten Punkt. Was die mit den Informationsfreiheitsgesetzen angestrebten Zwecke anbelangt, so stehe tatsächlich die politische Teilhabe sehr im Vordergrund. Aber aus der Praxis heraus könne man beurteilen, dass es nicht allein darum gehe, Demokratie im Alltag zu verbessern. Vielmehr würden durchaus auch wirtschaftliche

---

* Ref. iur. *Norman Koschmieder* ist Wissenschaftlicher Mitarbeiter am Institut für Rechtspolitik.

Vorteile erzeugt, die durch die eingeholten Informationen erzielt werden sollen. Man sehe das auch an den Antragstellern: In erster Linie seien das nämlich die Anwälte von Wirtschaftsunternehmen, sodass also praktisch schon jetzt eine wirtschaftliche Ausrichtung bestehe und erst recht in Zukunft bestehen werde. Es sei aber auch der ausgesprochene Wille der Landesregierung, dass man aus der Verfügbarkeit dieser Daten einen kommerziellen Nutzen ziehen kann. Die Ministerpräsidentin habe beispielsweise in ihrem Grußwort die Start-Ups erwähnt.

Frau Albers merkte an, dass die Kommerzialisierung staatlicher Daten komplexe Modelle erfordere, dass diese Frage möglicherweise gar nicht eindimensional zu beantworten sei. Bestimmte Lizenzen würde sie nicht von vornherein ausschließen. Mit Blick auf die kritische Anmerkung zur staatlichen Interpretationshoheit der von ihm bereit gestellten Daten sehe sie nur begrenzt ein Problem. Im Grunde sei es so, dass die Daten in der Gesellschaft vorhanden seien und infolge dessen von dieser auch eigenständig interpretiert und diskutiert würden. Dass der Staat gegebenenfalls versuche, diesbezügliche Missverständnisse zu klären, bestimmte Informationen zu deuten und seine eigene Meinung hinsichtlich dessen, was man aus diesen Daten schließen und entwickeln könne, in den Meinungsbildungsprozess einfließen zu lassen, sei fast selbstverständlich. Im Gegenteil wäre es gar verwunderlich, wenn er dies unterließe.

In einer weiteren Wortmeldung aus dem Publikum wurde sodann insbesondere die Informationsbereitstellung der Hochschulen kritisch beäugt. Hier gebe es vor allem bei Prüfungsverfahren Bereiche, die in persönlicher und fachlicher Unabhängigkeit behandelt würden und daher mit entsprechender Geheimhaltung verbunden sein müssten. Insofern sei es ein bloßes Spiel mit Worten, zu sagen, Hochschulen seien per se Teil der Exekutive. In Prüfungsverfahren existiere kein umfassender Informationsanspruch der Gesellschaft.

Herr Wagner betonte, dass zwei Seiten voneinander zu trennen seien: Verwaltung auf der einen Seite, bestimmte Schutznormen, so auch für Universitäten, auf der anderen Seite. Er zog einen Vergleich zum Rundfunkbereich: Auch dort streite Art. 5 GG für die Rundfunkanstalten. Soweit journalistisch-redaktionelle Inhalte betroffen seien, falle man aus dem Anwendungsbereich der Informationsfreiheit oder des Transparenzgesetzes heraus. Bei den Hochschulen sei dies ähnlich. Soweit die Forschungsfreiheit berührt werde, statuiere Art. 5 GG eine Schutznorm zugunsten der Hochschulen, die auch mit der

Informationsfreiheit nicht durchbrochen werden könne. Es sei aber auch eine Frage des jeweiligen Einzelfalles, wie weit die Forschungsfreiheit im konkreten Fall der Drittmittelforschung reiche. Im Entwurf zum Transparenzgesetz stehe, dass bezüglich der Drittmittelgeber jedenfalls der Name sowie die Laufzeit und Höhe der Drittmittel transparent sein müssten. Im Einzelfall könne es natürlich so sein, dass bereits die Veröffentlichung des Namens eines Drittmittelgebers unter dem Aspekt der Wahrung von Betriebs- und Geschäftsgeheimnissen problematisch sein könne. Grundsätzlich sei es aber falsch, die Hochschulen von vornherein aus dem Anwendungsbereich des Transparenzgesetzes auszunehmen. Es gehe um eine geschickte und faire Grenzziehung zwischen der notwendigen Geheimhaltung im Forschungsbereich auf der einen und Transparenz im Sinne der Öffentlichkeit auf der anderen Seite.

Des Weiteren wurde im Publikum Kritik an den Kosten der Einführung einer Transparenzplattform geübt. Frau Albers führte aus, dass zwar insbesondere die Einführung, aber auch die Pflege der Transparenzplattform finanziell aufwändig sei. Sie gab aber ebenso zu bedenken, dass es sicherlich immense Kosten für die Gesellschaft zur Folge hätte, wenn die Verwaltung in Zeiten der Informationsgesellschaft antiquiert bliebe. Insofern sei dieser Schritt durchaus sinnvoll.

Im Publikum kam auch die Frage nach praktischen Erfahrungen in Bezug auf den personellen Mehraufwand auf, den die gesteigerte Transparenz auslöse. Je nach Vorgang müssten möglicherweise ja mehrere hundert Ordner gesichtet und anschließend entschieden werden, welche Informationen einem konkreten Antragsteller zugänglich gemacht werden. Eine weitere Frage bezog sich auf die tatsächliche Einhaltung der im hamburgischen Transparenzgesetz sowie auch im rheinland-pfälzischen Gesetzentwurf vorgesehenen Monatsfristen, innerhalb derer Auskunftsanträge bearbeitet werden müssten.

Frau Albers bekräftigte die mögliche Notwendigkeit eines personellen Mehraufwands, den sie aber nicht genau einschätzen könne. Allerdings müsse man berücksichtigen, dass die Transparenzplattform auch zu einer Entlastung führe, indem sie bestimmte Informationen ohne ein aufwändiges Verfahren zur Verfügung stelle. Das Portal diene gerade dazu, jederzeit abrufbare Informationen bereit zu halten, ohne dass sich die Verwaltung in Einzelfällen noch damit beschäftigen müsse. Ihr selbst seien im Übrigen keine Frustrationserfahrungen aufgrund zu langer oder überschrittener Fristen bekannt.

Herr Wagner bestätigte diese Einschätzung mit seinen Erfahrungen aus der Praxis. In den letzten Jahren hätte die Zahl der Anträge stetig zugenommen. Sie liege mittlerweile bei etwa tausend Anträgen pro Jahr. In der Regel sei festzustellen, dass die Anträge innerhalb von vier Wochen erledigt seien. Wenn es in Ausnahmefällen länger dauerte, seien die Antragsteller aber in der Regel auch geduldig. Was in Rheinland-Pfalz die Planstellen anbelange, so habe nach seinem Wissen jedenfalls weder das Informationsfreiheitsgesetz noch das Umweltinformationsgesetz zusätzlichen Bedarf hervorgerufen.

Angeregt wurde seitens des Publikums weiterhin die Notwendigkeit eines Mentalitätswandels beim Verwaltungspersonal. Der Umgang mit Transparenz sei kulturell geprägt, dies werde beispielsweise an dem unterschiedlichen Umgang mit der Thematik in Deutschland und der USA deutlich. Während in Deutschland mit Transparenz eher zurückhaltend umgegangen wurde, entspreche ein möglichst hohes Maß an Transparenz der Mentalität in den USA.

Auch Herr Wagner machte darauf aufmerksam,, dass es in Deutschland eine 200-jährige Transparenzenthaltsamkeit gebe. Eine Umsetzung innerhalb von ein paar Jahren sei vor dem erwähnten geschichtlichen Hintergrund nicht möglich. Man brauche zum einen Geduld und ein paar Maßnahmen. Zu diesen gehöre es beispielsweise, dass man alle Behörden gesetzlich verpflichtet habe, einen behördlichen Datenschutzbeauftragten einzusetzen. Ein Datenschutzbeauftragter bringe den Datenschutzgedanken auch in der Verwaltung ein Stück weiter voran und arbeite auch mit dem Land zusammen. Ähnliches sei auch für den Bereich der Informationsfreiheit vorstellbar. Dies sei übrigens auch ein Vorschlag der deutschen Universität für Verwaltungswissenschaften in Speyer, diese neue Kultur auf die Art und Weise noch ein Stück weiter zu fördern.

Abschließend kam die Frage auf, ob die Verwaltung sich nicht in gewisser Weise auch selbst entlaste, indem sie den Bürger mit einer Masse an Informationen, deren Analyse nicht mehr möglich ist, zuschütte. Käme nun ein Bürger und würde sich beschweren, könne die Verwaltung sich möglicherweise stets damit rechtfertigen, dass die Information im Internet bekannt gemacht worden sei, der Bürger lediglich besser habe aufpassen müssen. Es stelle sich die grundlegende Frage, was dies eigentlich für die Gewaltenteilung und die repräsentative Demokratie, wo die Exekutive kontrolliert werde, bedeute. Auch ließe sich darüber nachdenken, was es eigentlich für die Oppositionsarbeit bedeute, wenn sich die Regierung stets damit rechtfertigen könne, dass sie die Informationen doch ins Internet stelle.

Herr Wagner stellte diesbezüglich fest, dass wir heutzutage eine Informationsgesellschaft erleben und es in dieser Folge mit einer großen Informationsflut zu hätten, ganz gleich, ob das Transparenzgesetz nun noch hinzukomme oder nicht. Man stehe jetzt schon vor der Situation mit einer Vielzahl an Informationen irgendwie umgehen zu müssen. Die Auswirkungen auf die Gewaltenteilung finde er deshalb spannend, weil man sich in den eher intransparenten Zeiten mit einer mittelbaren Transparenz über die Parlamente beholfen habe. Man habe die Verwaltung über entsprechende Anfragen und Initiativen kontrolliert und habe so ein Stück weit Transparenz hergestellt. Man müsse abwarten, ob diese unmittelbare Transparenz vielleicht auch zu einer gewissen Entlastung im parlamentarischen Bereich führe, so dass man sich auf wesentliche Fragen konzentrieren könne.

Frau Albers führte aus, dass sich die Verwaltung in der Tat mit der Wissensteilung entlaste. Sie stelle eine Wissensinfrastruktur zur Verfügung, was einen durchaus entlastenden Effekt habe. Jedoch widersprach sie der Vorstellung, dass die Verwaltung auf bestimmte Bürger mit bestimmten Rechtspositionen irgendwelche Verantwortung überwälzen würde. Dies könne sie nicht, weil Rechtspositionen bestehen blieben und gegebenenfalls in der unmittelbaren Verwaltung-Bürger-Beziehung engere Rechtsbeziehungen entstünden. Jedoch sei die Öffnung einer Wissensbasis und die Herstellung einer Wissensinfrastruktur unter bestimmten Aspekten in der Gesellschaft tatsächlich eine Entlastung. Diese Entlastung sei auch notwendig, weil das alte Bild von der Gewaltenteilung und die alte Vorstellung, wie der Staat funktioniere, so auch nicht mehr gegeben seien. Es existiere keine Verwaltung, die sich jetzt über Parlamente legitimiere und durch das Gesetz genau gesteuert würde und sich dann rechtfertigen könne mit der Aussage man habe die Gesetze, daran arbeite man und so setze man Entscheidungen um. Vielmehr habe man eine relative Eigenständigkeit der Verwaltung. Man habe eine Angewiesenheit der Verwaltung darauf, dass ihr Wissen zugespielt werde aus der Gesellschaft. Aus diesem Grunde sei sie auch darauf angewiesen, ihr Wissen zu öffnen. Es seien komplexe Beziehungen in einer modernen Gesellschaft, weshalb es nicht möglich sei auf alte Bilder zurückzugreifen.

Podiumsdiskussion: „Transparenzgesetz für Rheinland-Pfalz"

Rath: Meine sehr verehrten Damen und Herren, ich darf Sie herzlich zur Podiumsdiskussion begrüßen, die unter dem Thema „Transparenzgesetz für Rheinland-Pfalz" steht.

Beim Lesen des Gesetzentwurfs ist mir die Formulierung „durchsichtig und transparent heißt nicht gläsern" ins Auge gestochen. Ich musste sofort an George Orwells „Neusprech" denken. „Durchsichtig heißt nicht gläsern" – gemeint ist vermutlich, dass nicht sämtliche Informationen durchsichtig bzw. transparent sein sollen und deswegen auch nicht gläsern sein können. Man will also für Transparenz eintreten, zugleich aber Kritikern beruhigend zurufen, „aber gläsern wird es dann auch nicht". Wie ich jetzt heute in der Ansprache der Ministerpräsidentin erfahren habe, wird diese Formel offensiv verwendet. Sie scheint offizielle Regierungslinie in Rheinland-Pfalz zu sein. In diesem Sinne hoffe ich, dass wir mehr Transparenz und mehr Gläsernheit in die heutige Diskussion bringen. Wir werden zunächst zwei bis drei Runden auf dem Podium machen, aber dann aber auch unser sehr fachkundiges Publikum in die Diskussion einbeziehen.

Ich möchte die Diskussion auch gleich beginnen und mich an Herrn Dr. Meier wenden, der als Abteilungsleiter im rheinland-pfälzischen Innenministerium sehr intensiv mit der Umsetzung dieses Projektes befasst ist. Auf Seite 38 des Gesetzentwurfs lese ich das Versprechen, dass insgesamt weniger Nachfragen der Bürger nach amtlichen Informationen gestellt werden. Neu ist jetzt, dass auf dem Transparenzportal entsprechende Daten schon verfügbar sind. Man muss sie also nicht mehr beantragen, jeder kann sie abrufen. Damit verbunden ist die Überlegung und die Hoffnung, dass die Leute nunmehr einfach auf das Transparenzportal zugreifen und daher weniger Nachfragen notwendig werden, denn alles, was unklar sein könnte, ließe sich dann selbst im Internet abrufen. Es gäbe dadurch weniger Beschwerden, die Leute wären insgesamt mit dem Projekt viel zufriedener, die Akzeptanz wäre viel größer, es würden weniger Klagen eingereicht und insgesamt würden auch noch Kosten gespart. Das ist das Versprechen dieses Gesetzentwurfs. Glauben Sie das wirklich?

Meier: Vielen Dank Herr Dr. Rath. Zunächst einmal glaube ich, dass der Entwurf des Transparenzgesetzes, speziell die angestrebte Transparenzplattform, kein Versprechen, sondern eine Erwartung ist. Dies ist ein Unterschied, denn wir versprechen keine Dinge, die wir nicht auch halten können. Es ist aber in der Tat eine Erwartung, dass durch eine frühzeitige Informationsbereitstellung auf der Transparenzplattform auch eine ganze Menge an Antragsstellungen wegfällt, weil sich die Bürger Informationen jederzeit online herunterladen können, beispielsweise auch nachts um drei Uhr, wenn einen eine bestimmte Information deswegen interessiert, weil man gerade etwas dazu im Fernsehen gesehen hat. Das ist ein großer Vorteil, den man im Auge haben muss. Auch sind frühzeitige Informationen dazu geeignet, entsprechende Nachfragen möglicherweise erst gar nicht entstehen zu lassen, weil eben jene Informationsanfrage schon beantwortet ist. Verfahren können dadurch schneller werden. Natürlich kann auf gewisse Weise auch das Gegenteil in einzelnen Fällen eintreten, beispielsweise dass über solche Informationen erst noch bestimmte Fragestellungen bewusst zu machen sind, die dann natürlich auch verwaltungstechnisch abgearbeitet werden müssen. Aber in der Summe rechnen wir damit, dass es weniger Anfragen und Bescheide gibt und damit eine geringere Belastung für die Verwaltung und somit weniger Kosten anfallen.

Rath: Rheinland-Pfalz ist das erste Flächenland, welches den Schritt vom Informationsfreiheitsgesetz zum Transparenzgesetz vollzieht. Mit Blick auf Hamburg ist es vielleicht gegenwärtig noch zu früh, um von vielen Erfahrungen zu sprechen, auf denen man in Rheinland-Pfalz aufbauen könnte. Aber im globalen Kontext, das hat uns ja auch schon Herr Wagner geschildert, hängen wir in Deutschland hinterher. Herr Dr. Meier, bei der Ausgestaltung des Gesetzentwurfs haben Sie sich sicherlich auch international umgesehen. Wie sieht denn die Praxis in Ländern aus, die diesen Schritt – von Antragslösungen zu Portallösungen – schon gegangen sind? Hat die Zahl der Anträge dort ersichtlich abgenommen?

Meier: Also das für Rheinland-Pfalz beabsichtigte Verfahren kann nicht mit dem Freedom of Information Act der USA oder mit der Praxis skandinavischer Länder verglichen werden, denn es sollen bei dem hiesigen Gesetzentwurf schon viele Informationen von Amts wegen eingestellt werden. Wir können uns im Wesentlichen auf die Erfahrungen von Hamburg beziehen. Danach haben wir auch unsere Kostenüberlegung ausgelegt und sind in diesem Zusammenhang auf Kosten in Höhe von 3,9 Millionen Euro gekommen, die für die Einrichtung der Transparenzplattform anfallen. In diesem Zusammenhang möchte ich die Gelegenheit nutzen, etwas richtig zu stellen, was heute Morgen bereits gesagt worden ist. Eine ausschließliche Finanzierung mit Bordmitteln ist so nicht explizit im Gesetzentwurf vorgesehen. Die Aussage bezieht sich ausdrücklich auf die Teilprojektstruktur, die wir gewählt haben, um dieses Vorhaben anzugehen. Es gibt insgesamt 5 Teilprojekte, die sich mit der Erarbeitung des Transparenzgesetzes, mit seiner Umsetzung und mit den Folgen der Umsetzung der elektronischen Akte befassen. Die Arbeiten im Teilprojekt „Recht" sind in der Tat mit dem vorhandenen Personal erstellt worden. Bei der Erarbeitung von Gesetzentwürfen handelt es sich um eine übliche Aufgabe eines Ministeriums. Allein hierauf bezog sich die Kostenaussage. Ansonsten gehen wir allgemein davon aus, dass die Kosten reduziert werden, wenngleich ich Ihnen jetzt noch keine konkreten Einsparsummen nennen könnte, denn uns fehlen hier letztendlich die Erfahrungen. Was uns die Erfahrungen mit dem Landesinformationsfreiheitsgesetz aber deutlich gemacht haben, ist die Tatsache, dass mit ihrer Umsetzung nicht so furchtbar viel neuer Personalaufwand verbunden sein muss. Es ist jedenfalls nach der Evaluation nicht dazu gekommen, dass sich Geschäftsprozesse oder die Personalstruktur verändert haben. Das lief also im laufenden Geschäft.

Rath: Ich denke, es ist schon ein geringerer Arbeitsaufwand, wenn Bürger einzelne Fragen haben und Einblick in die jeweilige Akte begehren, die dann womöglich an entsprechenden Stellen zu schwärzen wäre oder ob ich den gesamten Aktenbestand des Landes von vornherein in den Blick nehme und diesen an den entsprechenden Stellen schwärzen muss.

Meier: Es steht nicht im Gesetz, dass Sie einen gesamten Aktenbestand schwärzen müssen. Sie müssen nur von vornherein kritisch durchsehen, was am Schluss auf die Transparenzplattform kommt. Das ist ein relativ überschaubarer Katalog, der in § 7 des Entwurfs aufgeschrieben ist – relativ überschaubar jedenfalls im Verhältnis zum Aktenmaterial, das wir haben. Sie werden nur das schwärzen müssen, was aufgrund der entgegenstehenden Belange, die im Gesetz auch definiert sind, einer Veröffentlichung entgegensteht. Das betrifft sowohl in proaktiver Hinsicht das Einstellen auf die Plattform, zu der ich verpflichtet bin, als auch einzelne Anträge auf Informationszugangsgewährung außerhalb der Plattform.

Rath: Vielen Dank. Frau Raue, die Kommunen sind derzeit vom eigentlichen Kernstück des Transparenzgesetzes, nämlich der proaktiven Dateneinstellung auf einem Transparenzportal des Landes, ausgenommen. Das erstaunt ja im Hinblick darauf, dass sich das Interesse der Bürger an Informationen gegenüber dem Land vor allem an die Kommunen richtet. Im Bürgerbeteiligungsverfahren zum Gesetzentwurf war die Rede davon, dass 80 % der Anfragen kommunale Vorgänge betreffen. Der neue große Schritt, der mit dem Transparenzgesetz gegangen wird, ließe dann von vornherein 80 % dessen, was die Bürger interessiert, aus. Warum haben Sie das so gemacht und wollen Sie diese Bereichsausnahme vielleicht noch abändern?

Raue: Ich könnte jetzt mit den „Kosten" einen einfachen Grund anführen. Je mehr Stellen wir zur Informationsbereitstellung verpflichten, desto mehr Kosten sind wir letztlich auch verpflichtet, über das Konnexitätsprinzip zu tragen. Ich kann Ihnen aber zugleich sagen, dass die Kosten nicht der Hauptgrund für diese Entscheidung waren. Zunächst stimmt es nicht ganz, dass die Kommunen vollständig ausgenommen sind. Vielmehr sind sie mit einer Freiwilligkeit dabei. Genau das halte ich für einen ganz wichtigen Grund, denn es gibt allgemein einen erheblichen Widerstand gegen den Gesetzentwurf, wie wir schon heute Morgen in der Diskussion gemerkt haben. Widerstand kommt zum Beispiel von den Universitäten, auch die Industrie- und Handelskammern haben sich zurückhaltend positioniert. In den Behörden, die vom Anwendungsbereich des Gesetzes betroffen sein werden, gibt es erhebliche Unsicherheiten und Ängste. Schließlich kommen Vorbehalte in den Kommunen hinzu. Rheinland-Pfalz ist ein Land, das sehr kleinteilig strukturiert ist. Wir haben sehr viele Kommunen, über 2000, im Land. Deswegen möchten wir zunächst einmal Erfahrungen mit dem Transparenzgesetz sammeln und weitere Stellen hiervon überzeugen. Die kommunale Mitwirkung erfolgt daher zum jetzigen Zeitpunkt auf freiwilliger Basis. Die Kommunikationsplattform steht den Kommunen offen und wir gehen davon aus, dass es im Laufe der Jahre auch tatsächlich zu einem Prozess der Öffnung kommen wird.

Rath: Sie haben ja auch Workshops mit den Kommunen durchgeführt, sind also im Gespräch. Wie ist dort die Rückmeldung bezüglich der Freiwilligkeit? Gehen Sie davon aus, dass die großen Städte von Beginn an mitmachen und die mittelgroßen alsbald folgen werden, weil sie auch „groß" wirken wollen, sodass es dann zu einem Sickereffekt kommt, oder gibt es solche konkreten Rückmeldungen bisher noch nicht?

Raue: Ich muss Sie jetzt bei der Beantwortung der Frage enttäuschen und mein Nichtwissen offenbaren. Ich könnte mir aber vorstellen, dass im Laufe der Diskussion die Vorsitzende unserer Enquetekommission „Demokratie und Bürgerbeteiligung", Frau Schellhammer, die ja auch hier im Publikum sitzt, diesbezüglich vielleicht nähere Auskünfte geben kann.

Rath: Frau Gäbler, die Kammern lehnen das Gesetz ab. Sie haben sogar ausdrücklich den Gesetzgeber aufgefordert, auf dieses Gesetz zu verzichten. Das erstaunt schon. Aus dem gegensätzlichen Verhältnis von Wirtschaft und Staat versteht man natürlich, dass die Wirtschaft dem Staat nicht alles sagen und offenlegen möchte. Umgekehrt jedoch zu sagen: „Wir als Wirtschaft wollen nicht, dass der Staat der Wirtschaft möglichst viele Informationen zur Verfügung stellt, wir wollen lieber einzelne Nachfragen stellen als einfach auf eine Homepage zu gehen und diese dort nachzulesen", ist doch eher verwunderlich. Können Sie uns das bitte erklären?

Gäbler: Gerne. Also es ist so, dass die Ziele, die heute auch genannt worden sind, im Hinblick auf das Transparenzgesetz – angefangen von der Transparenz selber über Meinungsbildung und Förderung des Demokratieverständnisses – natürlich im Grundsatz von der IHK unterstützt werden. Von daher finden wir den Prozess auch richtig und gut. Woran wir uns stören und warum wir das Transparenzgesetz vom Grundsatz her abgelehnt haben, rührt aus einer anderen Ecke her. Es geht eher um die Art bzw. die Mittel und Wege, wie das Vorhaben umgesetzt werden soll. Damit haben wir bzw. die Wirtschaft tendenziell ein Problem. Wir sehen Probleme in der Umsetzung. Das fängt an bei den schon mehrfach angesprochenen Kosten, die auch aus der Gesetzesbegründung, die Herr Dr. Meier bereits zitiert hat, nur zum Teil hervorgehen. Der Landesrechnungshof spricht ja im Hinblick auf die elektronische Akte schon von Kosten in Höhe von 26 Millionen. Wenn ich die Angaben aus dem Gesetzentwurf hinzunehme, müssen wir mindestens mit 30 Millionen Euro rechnen. Deswegen sagen wir in diesem Zusammenhang, das Geld könnte gegebenenfalls, zumindest zum jetzigen Zeitpunkt, noch anders angelegt werden.

Der zweite Punkt betrifft die Aufbereitung der zur Verfügung gestellten Informationen. Von Seiten der Unternehmer wird vorgebracht, dass das Verwaltungs- und Juristendeutsch kaum für einen Fachfremden zu verstehen sei. Im Prinzip sagen sie damit, dass die Verwaltung und das, was transparent dargelegt werden soll, von sich aus nicht selbsterklärend ist, sodass gerade die auch heute Morgen angesprochene Dolmetscherfunktion eine sehr wichtige für uns ist, die wir aber als nicht gegeben erachten. Wir meinen, dass aufgrund der ganzen Ausnahmen und notwendigen Schwärzungen inhaltlicher Aspekte – aus Datenschutzgründen bzw. zum Schutz persönlicher Interessen, gerade wenn es um Interessensabwägungen geht – ein beachtlicher Mehraufwand entsteht. Der Rechnungshof hat beispielsweise bei der Einführung des Dokumentenmanagementsystems in Rheinland-Pfalz in der Vergangenheit unter anderem bemängelt, dass sie nicht im vollen Umfang wirtschaftlich genutzt werden konnten, weil das Personal es mangels Verbindlichkeit nicht nutzte, aus IT-Gründen nicht nutzen konnte oder aufgrund eventuell fehlender Schulungen Funktionalitäten gar nicht erst anwenden konnte. Ähnliche Risiken sehen wir beim Transparenzgesetz, nämlich dass das Ziel, dass der Bürger oder die Unternehmen die veröffentlichten Daten verstehen, überhaupt nicht erreicht wird. Daher sagen wir, dass das Landesinformationsfreiheitsgesetz, welches sicherlich noch angepasst werden sollte, eher dem persönlichen Interesse gerecht wird, indem dort ein persönlicher Antrag gestellt und dieser von der Verwaltung erläutert wird. Wir haben deshalb in unserer Stellungnahme einen Zwischenschritt mit einer sogenannten „Kümmerfunktion" vorgeschlagen, die dem Verständnis und damit der Dolmetscherfunktion aus unserer Sicht eher gerecht werden würde.

Rath: Dazu habe ich zwei Nachfragen und zwar erstens: Lehnen Sie auch die elektronische Akte ab, das heißt: Bestehen Sie darauf, dass das Land Rheinland-Pfalz weiter mit Papier arbeitet?

Gäbler: Nein, da haben Sie mich missverstanden.

Rath: Ich habe Sie so verstanden, dass Sie die Kosten von 26 Millionen Euro, die für die elektronische Akte veranschlagt werden, zur Disposition gestellt haben. Diese Kosten stehen ja andererseits auch für Aufträge, die möglicherweise für rheinland-pfälzische Unternehmen entstehen.

Gäbler: Wir sehen durchaus, dass – sei es durch die elektronischen Akte oder durch die Transparenzplattform – sicherlich rheinland-pfälzische Unternehmen in den Genuss von Aufträgen kommen und damit auch Vorteile aus dem Gesetz ziehen werden. Aber auf der anderen Seite sehen wir zunächst die Einführung dieser elektronischen Akte, gerade im Hinblick auf die Zukunft, auf das digitale Zeitalter, als sinnvoll und unterstützenswert an. Jedoch sollte die Einführung, auch im Hinblick auf das, was der Rechnungshof geschrieben hat, anders ablaufen als beim Dokumentenmangementsystem. Lassen Sie es mich einmal so formulieren: Unsere Vorstellung ist, zunächst die elektronische Akte in kleineren Schritten einzuführen, die sinnvoll sind und die auch wirtschaftlich getragen werden, so dass zum Beispiel auch der Landesrechnungshof nichts mehr zu kritisieren hätte. Und dann, „on top" sozusagen, wenn das in die Wege geleitet worden ist, die Transparenzplattform, sei es in sieben oder acht, vielleicht auch fünf Jahren, oben drauf zu setzen, anstatt das alles zusammen jetzt in recht kurzer Zeit auf die Beine zu stellen. Wir sehen bei diesem kompakten Vorgehen einfach zu viele Risiken.

Rath: Die zweite Nachfrage lautet: Wenn Sie sagen, das Verwaltungsdeutsch verstehe man nicht richtig und wir bräuchten stattdessen eine Übersetzung, eine individuelle Ansprache, dann schließt sich das ja nicht aus. Es ist ja jetzt nicht so, dass die bisherige Möglichkeit, die Verwaltung um Information zu bitten, ersetzt würde durch einen „Selbstbedienungssupermarkt". Die Entscheidung wird ja nicht getroffen zwischen den Alternativen „Tante Emma Laden" oder „Supermarkt", sondern es soll ja vielmehr beides aufrechterhalten werden. Sie können sich im Supermarkt sozusagen erst einmal die Information holen und wenn Sie dann sagen, „Diesen Beipackzettel verstehe ich nicht", dann können Sie individuell bei der Verwaltung nachfragen. Auch Sie als juristische Geschäftsführerin, die Sie sicher auch eine gewisse Betreuungsfunktion innehaben, stehen in dieser Verantwortung, aber letztlich ist ja der Staat nicht aus seiner Verantwortung entlassen. Also verstehe ich Sie richtig, dass es Ihnen letztendlich mehr darum geht, dass Sie sagen, wir bräuchten zusätzlich, also neben der Transparenzplattform, auch individuelle Kontakte in ausreichender personeller Ausstattung, sodass diese Plattform auch hinreichend personell unterfüttert wird? Dass man uns also nicht nur mit den Akten abspeist, die wir nicht verstehen, sondern dass wir auch weiterhin Gesprächspartner in der Verwaltung haben?

Gäbler: Das sehen wir für die Praxis, wenn wir gerade an unsere kleineren Unternehmer denken, als sehr sinnvoll an.

Rath: Herr Meier, wir sprachen ja gerade über die elektronische Akte. Es ist ja tatsächlich etwas bemerkenswert, dass erst ein Transparenzportal eingeführt wird und für die elektronische Akte, mit der das Transparenzportal ja automatisch gefüllt wird, die Ausschreibung in dem Moment, indem das Transparenzportal startet, beginnt. Dann wird erst einmal geschaut, wer denn die elektronische Akte überhaupt einführen kann. Das klingt für mich so, als ob die Akte wahrscheinlich nicht 2017 – selbst in Ihrem Ministerium, das ja weit vorneweg ist, und sich besonders mutig zeigen will – eingeführt wird, sondern dass das wahrscheinlich eher 2018 sein wird. Ist das nicht für die Bürger dann vielleicht auch frustrierend, ein Portal zu haben, das relativ wenig Inhalt aufweist, weil es nicht automatisch befüllt wird? Und ist es nicht umgekehrt auch für die Verwaltung frustrierend, die ja natürlich irgendetwas einstellen muss, aber dann alles einscannen muss, sodass mühsame individuelle Prozesse nötig werden, die später alle automatisch ablaufen würden? Wäre es nicht tatsächlich cleverer gewesen, wie es ja auch Frau Gäbler befürwortet hat, erst einmal die elektronische Akte einzuführen und dann „on top" das Transparenzportal?

Meier: Das wäre dann cleverer, wenn diese Transparenzplattform nur in Form von elektronischer Aktenführung zu befüllen wäre. Dem ist aber nicht so. Wenn man sich den Katalog dessen anschaut, was in der Transparenzplattform zu veröffentlichen ist, dann werden Sie eine ganze Reihe an Informationen bekommen, für die es keinerlei elektronischer Aktenführung bedarf. Das sind Informationen, die jetzt schon elektronisch vorliegen und Informationen, die ohne weiteren Aufwand in die Plattform eingestellt, gepflegt und dann natürlich auch abgerufen werden können. Die elektronische Aktenführung betrifft einen Teil, der sicherlich das Aktualisieren und Befüllen der Transparenzplattform wesentlich erleichtern wird. Das ist klar. Aber daraus jetzt zwingend ein „Erst dies, dann das" abzuleiten, halte ich nicht für zielführend. Zumal wir der Auffassung sind, dass man, Schritt für Schritt, das tun sollte, was sich gerade realisieren lässt. Wir fangen jetzt mit der Transparenzplattform an. Das ist ein wichtiger erster Schritt, und Herr Wagner hat auch heute Morgen, ebenso wie die Ministerpräsidentin, deutlich gemacht, vor welchem Hintergrund das passiert. Und es ist ja auch nicht so, dass wir jetzt das Transparenzgesetz verabschieden und danach mit der elektronischen Aktenführung anfingen. Das läuft parallel. Wir haben eine Projektstruktur, es gibt ein Projekt „elektronische Akte", das jetzt schon arbeitet, genauso wie die Teilprojekte „Technik" und „Organisation" jetzt schon daran arbeiten, einerseits die Mitarbeiterschulungen auf die Beine zu stellen und andererseits die technischen Voraussetzungen zu schaffen. Das läuft ja alles schon an und parallel dazu. Es wird also nicht so sein, dass wir die Transparenzplattform haben und uns danach dann umschauen, wo die ganzen Informationen bleiben.

Rath: Kann es sein, dass Sie auch ohne ein Transparenzportal eine elektronische Akte eingeführt hätten?

Meier: Ja, die Ministerpräsidentin hat es ja deutlich gesagt: In zehn Jahren wird eine Landesverwaltung Rheinland-Pfalz nicht mehr mit Aktenböcken, wie sie auch bei uns im fortschrittlichen Innenministerium hin und wieder noch zu finden sind, funktionieren können. Das ist so.

Rath: Ist es vielleicht sogar umgekehrt so, dass diese demokratietheoretische Überhöhung der elektronischen Akte, die jetzt die Voraussetzung für Transparenz und mehr Demokratie ist, dem ganzen Projekt einen Schub geben soll, weil ja vielleicht der eine oder andere Mitarbeiter dann sagt: „Elektronische Akten kenne ich nicht aus meiner Ausbildung, das sollen sie besser erst nach meiner Pensionierung einführen"? Und Sie sagen jetzt: „Nein, die Demokratie kann nicht auf Ihre Pensionierung warten".

Meier: Mitarbeiter, die Neuerungen immer erst akzeptieren wollen, wenn sie schon pensioniert sind, werden sie überall finden, auch im öffentlichen Dienst, das lässt sich auch gar nicht bestreiten. Ich kann mich noch gut daran erinnern, als die ersten PCs eingeführt wurden. Es gab Kollegen, die gesagt haben: „Mit dem Ding arbeite ich überhaupt nicht." Es kam zu abstrusen Situationen, als Mitarbeiter anderen Mitarbeitern Schriftsätze diktiert haben, die diese dann in den PC eingegeben haben. E-Mails wurden zu Hunderten ausgedruckt, um sie zu lesen. Das ist alles Geschichte. Und genauso wird das alles Geschichte sein, wenn wir die elektronische Akte flächendeckend eingeführt haben. Zumindest in den Staatsministerien sind wir ja jetzt schon auf einem guten Weg. Das wird sehr normal werden, das wird auch niemanden überfordern. Wir haben bei uns schon jetzt elektronische Aktensysteme. Andere Häuser wie das Umweltministerium haben das auch und das funktioniert alles schon ganz gut. Wir müssen jetzt sehen, und das ist natürlich auch eine Herausforderung, wie wir diese Systeme harmonisieren, damit das alles gut funktioniert. Aber mehr kann ich dazu auch im Moment noch gar nicht sagen, weil ich zwar den Gesetzentwurf als Leiter des Teilprojektes ‚Recht' juristisch betreut habe, aber Ihnen nicht die technischen Details erläutern kann. Dafür müsste man eine weitere Diskussion führen und dazu den Teilprojektleiter der Organisation der elektronischen Aktenführung einladen, dann können wir das vertieft weiter diskutieren.

Rath: Arbeitsteilung ist ein Merkmal der modernen Gesellschaft. In Hamburg hat es ja eine gewisse Vorgeschichte gegeben. Da war dieses kleine Problem mit der Elbphilharmonie, die als überschaubares kulturpolitisches Projekt begann und zu einer Staatsaffäre wurde. In diesem Kontext ist auch der Vorschlag aus der Bürgerschaft entstanden, einen Schritt weiter zu gehen, was die Transparenz des Staates angeht. Dann ist eine Volksinitiative gestartet worden, die der Senat dann offensiv aufgegriffen hat. Das Volksbegehren hat sich dann für erledigt erklärt. Nehmen wir mal an, in Koblenz würde eine Rheinphilharmonie gebaut und man hätte jetzt die Sorge, dass sie teurer würde als ursprünglich gedacht – sagen wir mal um das Siebenfache. Wie würde jetzt das Transparenzgesetz unmittelbar diesen Skandal verhindern? Also wie ist da die konkrete Vorstellung, dass Bürger aus den Unterlagen schon sehen, dass es eine geheime Absprache gab und es siebenmal so teuer wird, wie hängt das miteinander zusammen?

Raue: Also man muss erst einmal wissen, dass natürlich Bürgerinnen und Bürger zunehmend auch sachkundig und kritischer, nicht im Sinne von mehr Kritik, aber von profunderer Kritik, werden. Wir begegnen im politischen Handeln immer mehr sachkundiger Kritik, die sich an einzelnen Punkten bewegt, das kann ich aus dem kommunalen Bereich sagen. Wenn ein Diplomingenieur im Rat sitzt, dann wird jedes Bauvorhaben doppelt und dreifach geprüft. Und die Hoffnung ist natürlich, dass nach der Veröffentlichung von Entwürfen und Planungen diejenigen, die sich profund dazu äußern können, dies auch tun und damit auch Einfluss auf die politischen Prozesse nehmen können, wenn sie noch in der Vorbereitungsphase sind. Geheimverträge gibt es eigentlich in öffentlichen Vorhaben nicht. Jedenfalls haben sie eben die Information, auf die man sich bei einem Bau oder bei einem sonstigen Planungsvorhaben stützt, im optimalen Fall im Netz. In diesem konkreten Fall dann eher nicht, denn es wäre dann ein Planungsvorhaben der Stadt Koblenz und diese kann es veröffentlichen, muss es aber nicht. Allerdings ist es sinnvoll, diese Pläne ins Netz zu stellen um zu schauen, was Bürgerinnen und Bürger denn davon halten. So kann man zum Beispiel den ersten vorbereitenden Ratsbeschluss schon veröffentlichen und mit der Resonanz dann weiter arbeiten.

Rath: Die Sachkunde der Bürgerinnen und Bürger ist sicher häufig ein Segen, aber sie kann natürlich auch problematisch werden. Ich persönlich komme ja aus Freiburg, wo man Transparenz sehr groß schreibt und der

Baubürgermeister sagt, es sei alles ganz toll, was man dort an Resonanz bekommt, beispielsweise von den pensionierten Ingenieuren. Und auch die pensionierten Juristen finden dort immer sehr viel Verbesserungswürdiges. Solange es objektiv etwas Besseres gibt, ist es wohl tatsächlich die Lösung, auf die Bürger zu hören. Schwierig wird es dann, wenn die Bürger ihre Sachkunde einbringen und ein ganz konkretes Interesse verfolgen, wenn beispielsweise direkt neben ihrem Grundstück etwas gebaut werden soll, was ihnen die Sonne beeinträchtigt. Hier wird dann die gesamte Sachkunde mobilisiert, um diese Sonnenbeeinträchtigung zu stoppen, auch wenn alle anderen Bürger überhaupt nicht beeinträchtigt sind. Das kann auch ein Einfallstor sein, durch das alles komplizierter wird.

Raue: Im Prinzip begrüße ich es sehr, wenn es keine Einbahnstraße wird – und an dieser Stelle betone ich das „wird" –, sondern es auch eine Rückkopplung für die Bürgerinnen und Bürger gibt. Aber so weit sind wir noch nicht. Wir sind im Moment bei einer Transparenzplattform, die die öffentliche Verwaltung zwingt, ihre Dinge öffentlich und somit Bürgerinnen und Bürgern zugänglich zu machen. Und daraus können sich natürlich solche Initiativen entwickeln und mit diesen Initiativen muss man dann im politischen Raum umgehen. Diese Meinungen können als Gegenstand der Diskussion nur weiterhelfen, denn entweder befindet man die Meinung als gegenstandslos oder man sieht sie als hilfreich an und entwickelt damit den Vorgang weiter. Darum geht es uns ja. Wir haben in der Politik eine Wahlverdrossenheit zu beklagen. Wir haben eine Wahlbeteiligung, die teilweise so niedrig ist, dass man sich fragen muss, ob Parlamente, vor allem kommunale Parlamente, überhaupt noch demokratisch legitimiert sind. Das hat auch ganz viel damit zu tun, dass sich Bürgerinnen und Bürger nicht informiert fühlen. Man kann nicht davon ausgehen und ich gehe auch persönlich nicht davon aus, dass jeder unserer 4 Millionen Einwohner sich über alle Vorhaben schlau macht, die wir auf die Transparenzplattform stellen. Wir alle brauchen eine mehr oder weniger große Anzahl an Informationsmittlern, die an bestimmten Bereichen die Welt erklären und sagen, im Bereich der Menschenrechte sei alles gut, im Bereich der Bauvorhaben gebe es diese oder jene Kritik. Man hat seine vertrauenswürdigen Informationsmittler, ich denke da an Organisationen wie Amnesty International oder Transparency International auf der einen Seite, ich denke aber auch an private Leute, denen man im Alltag begegnet und die man befragen kann. Und diese finden ihre Informationen auf den Plattformen. Hierdurch soll ein besserer Informationszugang und zugleich mehr Akzeptanz in der Bevölkerung geschaffen werden. Dies ist die Grundlage für die Weiterentwicklung unserer Demokratie, denn wir wollen ja auch im Dialog mit der Bevölkerung das umsetzen, was gut ist für unser Land und was die Bevölkerung auch will. Dazu allerdings muss man einerseits hören, was die Bevölkerung will, und dafür muss diese andererseits informiert sein über das, was geplant ist. Deshalb ist es wichtig, jetzt diesen ersten Schritt zu gehen und die Transparenzplattform aufzubauen und möglichst viele Informationen aus den unterschiedlichsten Bereichen darauf zur Verfügung zu stellen, damit die unterschiedlichsten Menschen sich damit beschäftigen können.

Rath: Es wird auf jeden Fall ein interessantes Experiment, die Wahlbeteiligung in Rheinland-Pfalz nach der Einführung der Transparenzplattform zu beobachten, aber da würde Frau Albers entgegnen, das sei ja alles viel zu komplex. Frau Gäbler, die Unternehmen, die in der Kammer zusammengeschlossen sind, möchten nicht, dass alles nachzulesen ist. Nun könnte man natürlich auch auf die Idee kommen, dass die öffentliche Verwaltung den Unternehmen ja an verschiedenen Punkten immer mal wieder auf die Finger gucken muss, um Missstände zu kontrollieren, anlassbezogene oder nicht anlassbezogene. Beispielsweise hat der Landesverband der Verbraucherzentralen Lebensmittelkontrollberichte angeregt und diese sollten unbedingt auf diesem Portal einsehbar sein. Das zeigt, dass es da möglicherweise einen Interessenunterschied zu den Unternehmen gibt. Sie vertreten ja nicht nur die vorbildlichen Unternehmen, sondern auch die nicht ganz so vorbildlichen Unternehmen, die Anregungen von den Behörden bekommen, wie sie noch vorbildlicher werden können. Diese Unternehmen wollen diesen Prozess vielleicht in aller Stille bewerkstelligen und nicht unter den Augen der Nachbarn oder der Menschen, die dieses Lokal sonst als Kunden besuchen. Ist das vielleicht auch ein Hintergrund, warum Sie etwas skeptisch sind, dass man einfach nicht zu viele möglicherweise geschäftsschädigende Informationen der Öffentlichkeit preisgeben möchte, die Laien möglicherweise nicht richtig einordnen können?

Gäbler: Natürlich gibt es unter den Unternehmern auch solche, die nicht gesetzeskonform handeln, sonst bräuchte es solche Überwachungen nicht. Wir unterstützen aber natürlich allein gesetzkonformes Verhalten als Selbstverwaltungsorganisation. Die einzigen Bedenken, die wir in diesem

Podiumsdiskussion: „Transparenzgesetz für Rheinland-Pfalz"

Zusammenhang hätten, gehen dahin, dass, was ich offen gestanden nicht ganz genau weiß, bei diesen Berichten Abläufe, Zulieferer als Vertragspartner oder andere Sachen, die in Richtung Betriebsgeheimnis gehen, dargelegt oder aufgezeigt werden. Diese Informationen könnten dann möglicherweise auch für die Konkurrenz interessant sein werden. Das würden wir gerne vermeiden.

Rath: Zurück zu Herrn Meier. Beim Umweltinformationsgesetz, das EU-Recht umsetzt, ist manches ein bisschen anders, als bei den normalen Informationsfreiheitsfragen. Wenn man die beiden Gesetze vergleicht, enthält der Gesetzentwurf zum Transparenzgesetz oft noch Ausnahmeregelungen. Eine solche, mir besonders auffallende Formulierung lautet, dass generell die Vertraulichkeit von Beratungen gewahrt werden müsse. Dies gilt aber nicht für das Umweltinformationsgesetz. Wie sind denn die Erfahrungen mit dem Umweltinformationsgesetz und der Vertraulichkeit der Beratung? Gab es in zehn Jahren der Anwendung in Rheinland-Pfalz irgendwelche Probleme damit, dass beim Umweltinformationsgesetz die Beratungen nicht vertraulich sind? Wenn das nicht der Fall ist, kann man daraus dann nicht den Schluss ziehen, dass es vielleicht auch generell in anderen Bereichen, die nicht umweltspezifisch sind, ebenfalls keine Probleme gäbe?

Meier: Jetzt muss ich mich in die Reihe derjenigen auf dem Podium einreihen, die sagen „Das kann ich ihnen so nicht beantworten", weil sämtliche Anfragen nach dem Umweltinformationsgesetz über das Umweltministerium laufen. Mir liegen jetzt keine konkreten Angaben vor, was aus welchen Gründen veröffentlicht wurde, oder wo es Probleme gegeben hat. Ich glaube aber nicht, dass es Probleme gab. Davon hätte man gehört, da bin ich mir ganz sicher. Dass die Vertraulichkeit der Beratungen beim Umweltinformationsgesetz anders geregelt ist, hat schlicht und ergreifend damit zu tun, dass wir die EU-Richtlinien umsetzen mussten. An dieser EU-Richtlinie kommen wir nicht vorbei und das haben wir wiederum bei der Ausarbeitung des Gesetzentwurfs gemeinsam mit dem Umweltministerium abgestimmt, sodass wir auch an den Formulierungen festgehalten haben. Es ist ohnehin relativ schwierig, das Umweltinformationsgesetz und das Informationsfreiheitsgesetz in einem Gesetz zusammenzuführen, auch da sind wir ziemlich weit vorne in der Phalanx der Bundesländer. Soweit ich das überblicke, hat Hamburg diesen Schritt nicht gemacht. Schleswig-Holstein dagegen hat beide Gesetze zusammengefasst, indem man schlicht

"Abschnitt 1" und "Abschnitt 2" darüber geschrieben hat. Dieser Gesetzentwurf hat uns viel Mühe gekostet und wir sind auch aktuell noch dabei, zu schauen, ob wir alle Aspekte, die aus dem europäischen Recht oder auch aus der Rechtsprechung relevant sind, wirklich aufgegriffen haben. Das ist auch ein Prozess, der jetzt im Beteiligungsverfahren natürlich weiterläuft, den wir aber auch aus eigenem Interesse anstellen. Es gibt immer wieder Hinweise, für die ich sehr dankbar bin, über Aspekte, die wir so noch nicht gesehen haben. Gerade was das EU-Recht angeht ist es manchmal schwierig, alle neuen Entwicklungen sofort zu überblicken. Das gilt zum Beispiel für das Umweltrecht, wenn man selber im Innenministerium beheimatet ist.

Rath: Frau Raue, wir haben heute Mittag schon das Eine oder Andere zum Thema Hochschulen diskutiert. Diese äußern die Befürchtungen, dass zu große Transparenzanforderungen im Bereich der Drittmittelforschung bestehen. Ein Beispiel: Wenn ein Unternehmen als Auftraggeber an einer bestimmten Fakultät oder sogar an einem bestimmten Lehrstuhl benannt wird, könnte die Konkurrenz nun sehen, dass dieses Unternehmen ein bestimmtes Problem hat, zu dem es Nachforschungen erbittet. Diese Offenlegung könnte dann geschäftsschädigend sein. Aus der ersten Konferenz der Bürgerbeteiligung habe ich den Vorschlag entnommen, nur zu benennen, welches Unternehmen einen Auftrag vergibt, wie lange dieser läuft und wer das Geld empfängt. Man sollte aber vielleicht auch mitteilen, worüber geforscht wird, da dies möglicherweise von besonderem Interesse ist. Hier stellt sich sodann auch die Frage, welche Einflussnahme seitens des Drittmittelgebers möglich ist. Sind Drittmittelforschungen etwas, was der Allgemeinheit zugutekommt oder sind sie doch bedenklich? Sie sind ja jetzt noch im Prozess, die Ergebnisse der Bürgerbeteiligung zu prüfen, gegebenenfalls noch aufzunehmen.

Raue: Ich würde sagen, dieser Vorschlag steht im Gesetzentwurf schon drin. Wenn Sie eine Antwort auf eine konkrete Veröffentlichungspflicht haben wollten, würde ich Ihnen in guter juristischer Manier antworten: Es kommt darauf an. Auch der Deutsche Hochschulverband hat gesagt, eine auf Dauer vereinbarte Verschwiegenheit universitärer Forschung darf es nicht geben. Das ist die Grundthese. Forschung ohne Öffentlichkeit ist quasi nicht denkbar. Wie soll ich mein Forschungsgebiet weiterentwickeln, wenn ich nicht auf Forschungsergebnisse zurückgreifen kann, die es bereits gibt. Diesen Grundsatz sollten wir hochhalten und das tun wir auch. Deswegen sind Hochschulen, soweit sie öffentliche Verwaltung betreiben, grundsätzlich auch veröffentlichungspflichtig. Dazu gehört nach meinem Dafürhalten auch die Drittmittelforschung. Aber wie gesagt: Es kommt darauf an. Der Präsident hat bereits bestehende beschränkende zivilrechtliche Klauseln in Rahmenverträgen angesprochen. Da ist es ganz klar, dass das Transparenzgesetz niemanden zum Vertragsbruch verleiten darf. Das Transparenzgesetz gilt ausdrücklich nur für Vorgänge ab Inkrafttreten des Gesetzes. An dieser Stelle ist ein Bewusstseinswandel notwendig, auch im Bereich der Annahme von Drittmittelforschungsaufträgen. Ich benötige zu jedem Forschungsauftrag einen Rahmenvertrag. Bislang regelt dieser Rahmenvertrag nur den Forschungsgegenstand, Projektdauer und natürlich das Entgelt. Zukünftig muss man sich als Universität bei jedem dieser Vorhaben Gedanken über die Veröffentlichungspflicht machen. Bisher darf ich mich bei Annahme dieser Aufträge noch mit meinem Auftraggeber darüber verständigen, was veröffentlicht werden darf, beispielsweise die Frage, ob ich den Forschungsgegenstand öffentlich benennen darf. Es gibt sicherlich völlig unbedenkliche veröffentlichungsfähige Forschungsaufträge, beispielsweise in Fällen, in denen sich ein Unternehmen beraten lassen will, wie z.b. im Hinblick auf den Einsatz erneuerbarer Energien im Produktionsprozess. Drittmittelforschung muss nun zukünftig offengelegt werden, auch um die Selbständigkeit der Hochschulen zu belegen und sicherzustellen. Es darf aber natürlich nicht so weit führen, dass Betriebs- und Geschäftsgeheimnisse offenbart werden. Es müssen bei jedem Auftrag, der zu Forschungszwecken übernommen wird, die Veröffentlichungspflichten aus dem Transparenzgesetz von vornherein in die Überlegungen zur Annahme des Auftrags einfließen.

Rath: Eine gänzliche Ausnahme von der geforderten Transparenz wäre dann bei zukünftigen Verträgen wahrscheinlich nicht mehr möglich. Eine entgegenstehende Vertragsklausel, die gegen Gesetze verstößt, ist gemäß § 134 BGB nichtig.

Raue: Das ist genau der Punkt. Wir wollen nicht die grundsätzliche Veröffentlichung aller Informationen erreichen, so sensibel sie auch sein mögen. Wir wollen nur, dass im Einzelfall eine stichhaltige Begründung abgegeben wird, was einer Veröffentlichungspflicht entgegensteht.

Rath: Ich komme nun zur letzten Frage an Frau Gäbler— jedenfalls hier vom Podium. Es gab in der Bürgerbeteiligung auch Stimmen, die sagten, wieso sind eigentlich die Kammern, die auf gewisse Weise ja auch öffentlich-rechtlich organisiert sind, hier nicht einbegriffen. Bei den Kammern gibt es auch immer wieder Unstimmigkeiten, beispielsweise kommt man an Wahlergebnisse nicht heran. Es wäre also durchaus ein Mehr an Transparenz erforderlich. Sie sind nun aber vom Transparenzgesetz ausgenommen. Warum?

Gäbler: Der Grund dafür, warum wir diese Ausnahme befürworten, liegt ganz einfach im Unterschied zwischen der unmittelbaren Staatsverwaltung, um die es im Transparenzgesetz hauptsächlich geht, und den Selbstverwaltungskörperschaften, die der funktionalen Selbstverwaltung zuzuordnen sind. Das Ziel des Gesetzes für den Zugang zu amtlichen Informationen, also ein Beitrag zur Demokratie und Legitimation staatlicher Entscheidungen, gilt bei der unmittelbaren Staatsverwaltung gegenüber Jedermann. Im Rahmen unserer Selbstverwaltung als funktionale, mittelbare Staatsverwaltung kann Transparenz nur gegenüber unseren Mitgliedsbetrieben als Betroffene Bedeutung haben, also gegenüber den IHK-Mitgliedsbetrieben. Sie finanzieren uns und kein Steuergeld. Sie entscheiden über unsere wesentliche Ausrichtung. Ihnen gegenüber legen wir Rechenschaft ab. Nach dem IHKG sind wir ihnen auch auskunftspflichtig. Da wir unseren Mitgliedern gegenüber transparent sind, gibt es aus unserer Sicht keinen Grund, diesen Unterschied im System zwischen Verantwortung gegenüber allen Bürgern und der Eigenverantwortlichkeit der Mitglieder dergestalt auszuhebeln, dass wir von nun an als Selbstverwaltungskörperschaften gegenüber jedermann auskunftspflichtig sein sollten. Die IHK-Mitglieder möchten dies jedenfalls nicht finanzieren müssen.

Rath: Ich würde jetzt die Diskussion für das Publikum eröffnen und zuerst Frau Schellhammer, Vorsitzende der Enquetekommission Bürgerbeteiligung, das Wort erteilen. Die hier schon angesprochene Frage lautete: Wie geht es denn perspektivisch mit den Kommunen weiter, wie groß ist dort die Bereitschaft, am Transparenzgesetz freiwillig mitzuwirken?

Schellhammer: In der Enquetekommission wurde die Frage, wie Informationsgrundlage mit Bürgerbeteiligung zusammenhängt, zentral diskutiert. Zur Frage der Kommunen: Hier ist es tatsächlich so, dass sehr viele Anregungen zu den Kommunen kommen. Im Beteiligungsverfahren haben die Bürger und Bürgerinnen öfter gefordert, die Daten der Kommunen auch im Rahmen der Transparenzplattform zu veröffentlichen. Tatsächlich hat sich die Landesregierung bei der Ersten Lesung des Gesetzes im Ministerrat darauf geeinigt, eben diese Freiwilligkeit im Gesetz festzusetzen. Wir müssen jetzt aber schon die Rückmeldungen der Bürgerinnen und Bürger im Beteiligungsverfahren insoweit ernst nehmen, als wir überprüfen, was wir im Hinblick auf die Kommunen noch weiterhin unternehmen können. Viele Daten der Kommunen sind im Übrigen bereits heute schon öffentlich einsehbar. Wenn man das ganze Ratsinformationssystem anschaut, dann haben wir eine erhebliche Menge an Datensätzen, die bereits jetzt öffentlich zugänglich sind. Insofern sollte man erwägen, die Kommunen noch stärker einzuladen, am Transparenzgesetz mitzuwirken. Die nichtöffentlichen Vorlagen bleiben durch Zugangsaccounts für die Ratsmitglieder soweit geschützt, wären also von einer Veröffentlichung nicht erfasst. Das heißt, man müsste hier nach einer technischen Lösung suchen, um den Kommunen die Mitwirkung in der Transparenzplattform einfacher zu machen. Hier weiß ich nicht, wie der Diskussionsprozess ausgehen wird.

Aus dem Publikum: Meine Frage richtet sich an Herrn Dr. Meier. Gilt das Transparenzgesetz auch für in der Vergangenheit liegende Sachverhalte?

Meier: Da muss man unterscheiden. Informationen auf Antrag sind nach wie vor zugänglich. Das bezieht sich auch auf zurückliegende Vorgänge. Einpflegungen in die Transparenzplattform finden allerdings nur proaktiv für die Zukunft statt. Es ist schlicht nicht zu leisten, die Menge an Daten, die wir in der Vergangenheit angesammelt haben, auf die Transparenzplattform zu stellen. Wir halten das auch nicht für zielführend, weil es darum geht, eine aktuelle Informationsplattform zu schaffen. Wen vergangene Aspekte interessieren, der ist frei, jederzeit einen entsprechenden Antrag zu stellen. Dann bekommt er auch die entsprechenden Informationen.

Rath: Warum gibt es eigentlich die 10-Jahres-Frist, die besagt, dass Informationen nur 10 Jahre auf der Plattform zur Verfügung stehen sollen. Geht man davon aus, dass diese danach einfach veraltet seien?

Meier: Den zeitlichen Parameter haben wir ebenfalls aus Hamburg übernommen und er scheint uns ein vernünftiger zu sein.

Aus dem Publikum: Gibt es eine Schnittstelle zwischen der Plattform und dem Landesarchiv, das die Daten dann archiviert, oder verschwinden diese nach 10 Jahren?

Meier: Das Archivgesetz hat weiterhin Geltung, die Daten verschwinden nicht, sondern die sind dann im Archiv eingestellt. Es geht nichts verloren.

Rath: Ich möchte gerne noch an einem Punkt nachhaken. Es gibt diese Sorge von Beschäftigten, dass es einerseits die gesetzliche Pflicht gibt, Informationen proaktiv auf die Seite zu stellen, aber sie eben nicht unbedingt auf die Seite gestellt werden dürfen, wenn Rechte Dritter betroffen sind, seien es Unternehmen, seien es Privatpersonen oder auch der exekutive Eigenbereich der Verwaltung. Da kann man als Mitarbeiter im öffentlichen Dienst natürlich schon, wie Frau Raue es auch eben angedeutet hat, denken: „Lieber nicht zu viel Informationen einstellen, sonst bekomme ich nachher einen Rüffel." Der unmittelbare Vorgesetzte, der sagt, dass etwas falsch war, ist im Zweifelsfall vielleicht eine größere Sorge, als wenn irgendwann einmal ein Umweltverband oder ein Bürger sagt, „Warum habt ihr das nicht auf die Seite gestellt?".

Meier: Zunächst ist es ja nicht so, dass wir von unseren Mitarbeitern etwas völlig Neues verlangen und erwarten. Bislang gibt es das Recht eines Informationszugangs auf Antrag. Hier stellen sich dieselben Schwärzungs- oder Nichtschwärzungsfragen, wie bei der Veröffentlichung auf der Plattform. Damit gehen unsere Mitarbeiter schon jetzt um. Außerdem können sie durchaus bei Vorgesetzten nachfragen, welche Informationen im Zweifel einzustellen sind. Natürlich gibt es zudem noch entsprechende Schulungen. Es wird nicht zuletzt auch im Rahmen der Einführung der E-Akte dazu kommen, dass Abläufe automatisiert werden. Die Informationsbereitstellung wird sich sehr schnell einspielen, davon bin ich fest überzeugt.

Rath: Sie haben gerade angesprochen, dass mit der elektronischen Akte die Abläufe verstärkt automatisiert werden. Nimmt dann die elektronische Akte die Abwägung selber vor oder gibt es ein generalisiertes Schema, beispielsweise, wenn mehr als 17 Namen in einem Dokument auftauchen, dann ist dieses tendenziell eher nicht einzustellen?

Meier: Vielleicht haben wir unterschiedliche Begriffsvorstellungen von Automation. Die elektronische Aktenführung kann immer nur ein Hilfsmittel sein, um entsprechende Rechtsabwägungen zu treffen und tatbestandliche Prüfungen vorzunehmen. Es gibt sehr wohl auch in der Juristerei die Überlegung, durch entsprechende Algorithmen bestimmte Entscheidungen herbeizuführen. Ob das ein zukunftsweisender Weg ist, wird die Zukunft zeigen. Ich bin da eher skeptisch. Ich traue lieber einem menschlichen Verstand als einem Algorithmus, jedenfalls in solchen Fragen. Die elektronische Akte wird den Mitarbeiter dabei unterstützen, eben nicht selber mit dem Schwärzstift über einzelne Seiten zu gehen, sondern bestimmte, im Dokument vorher definierte Bereiche können per Knopfdruck geschwärzt oder entfernt werden. Das ist der wesentliche Punkt. Da Sie beispielsweise in

Anschreiben immer an derselben Stelle bestimmte Adress- oder Datenfelder haben, lässt sich die Schwärzung dort bequem automatisieren.

Rath: Frau Gäbler, Sie wollten auch etwas dazu sagen.

Gäbler: Eine große Befürchtung der Unternehmen ist natürlich genau das, was Sie angesprochen haben, Herr Dr. Rath. Es ist die Befürchtung, dass auch geschulte Mitarbeiter beispielsweise aus organisatorischen Gründen tendenziell lieber Informationen und Daten einstellen als hiervon abzusehen. Dadurch können natürlich, sei es bewusst oder unbewusst, vertrauliche Daten an die Öffentlichkeit gelangen. Wenn sie einmal öffentlich sind – und wir haben heute bereits gehört: sogar „suchmaschinenöffentlich" –, dann wissen wir auch, wie schwierig es ist, sie wieder aus dem Internet herauszunehmen. Es stellen sich dann Fragen für Unternehmen im Hinblick auf Amtshaftung und Schadensersatz. Das ist eine große Befürchtung der Unternehmen.

Aus dem Publikum: Ich würde gerne eine Überlegung zu den Zielsetzungen des Transparenzgesetzes anstellen. Ausgewiesenes Ziel ist die Förderung der demokratischen Meinungs- und Willensbildung, so heißt es. Frau Raue hat den Begriff der Rückkopplung gebraucht, sie hat gesagt – was ein schönes Bild ist –, bei den Beteiligungsverfahren solle die Entscheidung des Staates rückgekoppelt werden an das Volk – so habe ich Sie verstanden. Das kann ich gut nachvollziehen. Entscheidungen des Staates sollen auch dadurch besser werden, dass Fachwissen des Volkes fruchtbar gemacht wird für die Entscheidungen des Staates. Es wurde das Beispiel erwähnt, dass pensionierte Richter vielleicht behilflich sein können, dass Bauingenieure sich einbringen, all das finde ich sehr plausibel. Aber das wirft wiederum die Frage nach der Transparenz dieses Rückkopplungsprozesses selbst auf. Was passiert, wenn Rückmeldungen aus dem Volk im Beteiligungsverfahren ihrerseits das Verwaltungshandeln beeinflussen? Wie wird sichergestellt, dass diese Beeinflussung des staatlichen Handelns durch das Volk selbst, die hier auf informellem Wege zustande kommt, ihrerseits transparent ist? Ansonsten nämlich bewirkt das Transparenzgesetz im Ergebnis eine Intransparenz, wenn auch nicht auf der ersten, so doch auf der zweiten Stufe. Das wäre also eine Frage, die sich aus meiner Sicht stellt. Zudem schließt sich eine weitere Frage an: Wenn man die demokratische Meinungs- und Willensbildung fördern will und wenn man sieht, dass die Legislaturperiode im Land Rheinland-Pfalz fünf Jahre dauert, muss man konsequenterweise fragen: Kann denn die demokratische Meinungs- und Willensbildung immer nur im

Kern alle fünf Jahre erfolgen oder muss man dann nicht konsequenterweise die Frage aufwerfen, wie man mit der plebiszitären Demokratie umgehen muss? Es gibt natürlich im Land Rheinland-Pfalz jetzt schon Möglichkeiten, wie das Volk unmittelbar auch innerhalb der laufenden Legislaturperiode seinen Willen artikulieren kann, durch Volksentscheide und Ähnliches. Aber die konsequente Frage wäre doch, ob man nicht auch die Instrumente der direkten Demokratie fortentwickeln muss, weil ansonsten dieses Transparenzgesetz ein stumpfes Schwert bleibt.

Rath: Also das waren jetzt zwei sehr unterschiedliche Fragen. Ich denke die Erste, nämlich die Frage, wie Reaktionen am besten transparent gemacht werden sollten, das können Sie, Herr Dr. Meier, als Kenner des Gesetzentwurfs am besten beantworten.

Meier: Ich denke, dass wenn sich aus der informierten Bürgerschaft entstehende Meinungen zu einem bestimmten Projekt bilden, werden diese ohnehin in den öffentlichen Diskurs rücken. Dann wird es eben nicht so sein, dass der von Frau Raue erwähnte Richter jetzt im stillen Kämmerlein einen Brief an den Minister schreibt, sondern es wird in der Regel der öffentliche Diskurs sein, der durch Vorschläge aus dem Beteiligungsverfahren mit Fakten und mit Informationen untermauert wird. Das ist es jedenfalls, wovon wir im Wesentlichen, oder ich zumindest, bei der ganzen Fragestellung ausgegangen sind.

Rath: Eine Beeinflussung könnte vor allem im Bereich der Landesregierung und damit, wenn es um Gesetze geht, im Bereich des Landtags erfolgen. Auch dieser ist, wenn ich es richtig verstanden habe, von der Transparenzverpflichtung ausgenommen. Das heißt konkret: Wenn jemand erkennt, dass es ein Problem gibt, wirkt er auf die Gesetzgebung ein. Er geht er zu Ihnen als Abgeordnete und redet mit Ihnen fünf Nachmittage bis Sie überzeugt sind. Diese Unterhaltungen würden Sie wohl nicht transparent machen, sehe ich das richtig?

Raue: Das muss ich nicht transparent machen. Der Landtag selbst ist zudem durchaus nicht vom Transparenzgesetz ausgenommen. Aber ich muss natürlich nicht jedes Vier-Augen-Gespräch auf die Transparenzplattform stellen. Dies würde die Arbeit auch erheblich erschweren. Ich wollte aber auch nochmal auf die beiden Fragen eingehen, die gerade aus dem Publikum gestellt wurden. Der informelle Weg, ich weiß gar nicht, ob man das so sagen kann, weil das, was auf die Transparenzplattform gestellt wird, ist ja das Ergebnis einer Überlegung und einer Aufnahme und Verarbeitung von Informationen, die zu einem bestimmten Output führt – sei es hinsichtlich eines Bauvorhaben oder einfach ein Bescheid in einer Verwaltungssache. Wenn die Informationen dann zurückkommen, so ist das nichts Schlimmes oder Schlechtes, nichts Geheimes oder Informelles, sondern sie kommen dann wieder ins Verfahren. Sie gelangen an den Entscheidungsträger, an das Gremium, je nachdem was sie gerade für einen Vorgang haben. Wenn es um ein Gesetzesvorhaben geht, wird es über das Gremium gehen und dort beraten. Das heißt, es findet letztlich doch wieder ein transparenter öffentlicher Prozess statt. Die Art und Weise, wie ich zu meinen Informationen komme, ist auch jetzt nicht transparent. Ob ich sie der Zeitung entnehme, ob ich sie von einem Sachverständigen erhalte oder ob ich sie mir irgendwo angelesen habe, das weiß ich im Zweifel selbst nicht mehr bei der Flut, die einen ereilt. Aber die Information ist da und sie wird verarbeitet. Es ist wichtig, dass diese Vorgänge transparent gemacht werden. Auf ihre zweite Frage, kann ich nur mit einem uneingeschränkten „Ja" antworten. Wir müssen die plebiszitären Elemente weiterentwickeln und wir tun das auch. Wir werden Volksbegehren, Bürgerbegehren erleichtern. Wir werden Quoren senken, das ist auch im Zuge dieser Kommission diskutiert worden. Es ist nur ein Baustein zur Weiterentwicklung. Wir werden die Unterschriftensammlung vereinfachen und viele Dinge mehr, um eben dann, wenn sich aus der Informationsplattform für die Bürgerinnen und Bürger ein Handlungsbedarf ergibt, diesen auch umsetzbar zu machen.

Rath: Es gibt auch eine Diskussion über Lobbyeinflüsse, die nicht zuletzt das Parlament betreffen. Sie richten sich an den Gesetzgeber, auch bereits im Zuge der Erarbeitung von Gesetzentwürfen, der Gesetzesvorbereitung. Frau Raue kann immer sagen: „Ich habe ein freies Mandat und muss nicht sagen, mit wem ich mich zum Abendessen treffe, es sei denn, er gibt mir Geld". Dann kommen natürlich Beraterverträge zustande, wodurch Transparenzpflichten entstehen. Aber es gibt ja schon ein gesellschaftliches Bedürfnis, zu sagen, wenn eine neue Rechtsnorm entsteht, dann soll wirklich genau nachvollziehbar sein, wer wann mit welchen Interessen auf ihre Entstehung eingewirkt hat. Ist das etwas Perspektivisches?

Meier: Ich habe es eben bereits eingeworfen, das Parlament ist der Gesetzgeber. Der rheinland-pfälzische Landtag geht an dieser Stelle sehr weit in seinem Lobbyregister und stellt dar, wer mit welchen Interessen unterwegs ist. Es ist aus meiner Sicht nichts Verwerfliches, wenn Menschen versuchen, ihre Interessen im Gesetzgebungsprozess berücksichtigen zu lassen, sei es bei der Umweltgesetzgebung oder sonst wo. Wichtig ist, dass es transparent erfolgt. Das ist der springende Punkt. Der Landtag tut dies in eigener Verantwortung und es steht mir nicht zu, das in irgendeiner Form zu beurteilen. Als Privatperson finde ich es sehr gut. Wir machen Gesetzesvorlagen, die vom Ministerrat im Parlament eingebracht werden. Das sind Überlegungen, die wir auch öffentlich machen, indem wir, wie beispielsweise jetzt, in einem etwas weiteren Beteiligungsverfahren das Transparenzgesetz gestaltet haben. Die Ministerpräsidentin hat heute Morgen auch gesagt, dass solch eine Form von Beteiligung bei einem Gesetzgebungsprozess hier erstmals, aber möglicherweise nicht letztmals erfolgte, sondern dass dort auch eine Blaupause geschaffen wird für andere Gesetzgebungsvorhaben. Das wäre dann wiederum ein Punkt, der in die Richtung geht, die Sie eben ansprachen. Hier wird natürlich auch deutlich, welcher Beitrag woher kommt.

Rath: Da sah ich jetzt wirklich jeden einzelnen Beitrag. Was ich nicht sehe ist, wie es mit allen anderen Gesetzen läuft. Es wäre jetzt die Frage, ob das für Sie dann der Kernbereich exekutiver Eigenverantwortung ist, wenn Sie mit Interessensgruppen Gedanken austauschen. Kommt es drauf an, wie weit der Gesetzentwurf oder die Referentenvorlage schon gediehen ist, oder ob es schon transparenzpflichtiges öffentliches Handeln ist?

Meier: Solange verschiedene Ideen beispielsweise im Rahmen des Ministerrates diskutiert werden, ist es mit Sicherheit exekutive Eigenverantwortung.

Rath: Aber dort sitzen ja in der Regel die Verbände nicht dabei.

Meier: Richtig, damit ist Ihre Frage ja auch schon entsprechend beantwortet.

Rath: Nein, die Frage bezog sich ja gerade auf die Gespräche mit den Verbänden. Nehmen wir einmal an, das Innenministerium macht eine neue Regelung zum Beamtenrecht. Dann wird man wohl immer wieder mit dem Beamtenbund darüber reden. Ab wann würden Sie sagen, dass Transparenzpflicht besteht?

Meier: Aus meiner Sicht soll man den Gesetzesentwurf entsprechend zum Verbändeentwurf herausgeben. Das ist der Punkt, ab dem es transparenzpflichtig sein wird.

Rath: Und alles, was der Beamtenbund vorher an Input, an wichtigen Informationen einspeist, an Hinweisen auf Probleme, die Sie vermeiden könnten, alles das ist dann sozusagen noch der Kernbereich exekutiver Eigenverantwortung?

Meier: Ich habe da einen etwas anderen Blick auf die Abwicklung von solchen Gesetzesvorlagen. Es ist nicht so, dass der Beamtenbund im zuständigen Rat anruft und sagt: „Hör mal, da läuft das und das in die und die Richtung, das ist nicht gut." Wenn Vertraulichkeit vereinbart wurde, hat man Ausschlusstatbestände.

Rath: Wenn also ein Lobbyist mit dem Minister redet und Vertraulichkeit vereinbart wird, dann unterfällt das nicht dem Transparenzgesetz? Ist das die Vorstellung „transparent heißt nicht gläsern"?

Meier: Richtig.

Rath: Gut. Wie sehen Sie das, Frau Raue?

Raue: Man hat ja schon einiges vorweggenommen. Vor allem mit dem Hinweis auf das Lobbyistenregister, welches in Rheinland-Pfalz ein wirklich sehr gutes ist. Es wird im politischen Bereich, wie in jedem Lebensbereich, immer geschützte Bereiche geben müssen. Ich kann mir einen politischen Prozess ohne vertrauliche Gespräche nicht vorstellen. Ohne Verabredungen miteinander, sei es mit Lobbyisten, sei es interparlamentarisch mit anderen Abgeordneten, anderen Fraktionen. Man muss in einem geschützten Raum reden können. Die Erfahrung zeigt: Das Bedürfnis nach Vertraulichkeit ist da. Vertraulichkeit ist auch nichts Verwerfliches, denn jeder will sicher sein, dass er mit seiner Idee keine großen Böcke schießt und auch eine gewisse Akzeptanz findet und nicht völlig auf der falschen Spur ist. So habe ich mich zum Beispiel vor dieser Diskussion auch mit dem ein oder anderen ausgetauscht und überlegt, ob das, was ich mir so denke, mit dem, was im Gesetz dazu steht, auch vereinbar und vertretbar ist. Ich habe zum Glück durchweg positive Resonanzen eingesammelt. Solche Gespräche müssen einfach möglich sein, sonst ist verantwortliches Handeln auch nicht möglich, wenn man sich nicht rückkoppeln kann. Und insofern finde ich das nicht verwerflich. Ich finde es auch nicht verwerflich, wenn sich der Minister im Zusammenhang mit einer Gesetzesvorlage eine vertrauliche Meinung anhört. Ich finde es wichtig, dass die Prozesse aber so frühzeitig veröffentlicht werden, dass noch eine Einflussmöglichkeit besteht, und zwar nicht nur theoretisch. Das bedeutet: Wir haben ein Gesetzesvorhaben in die Anhörung gegeben, dadurch wird es öffentlich und dann können nicht nur die offiziell Angeschriebenen an der Anhörung teilnehmen, sondern es kann jeder seine Meinung dazu äußern. Diese Meinungen werden auch alle – auch jene von denen, die nicht offiziell gefragt worden sind – berücksichtigt und erwogen und es gibt auch zu jedem Gesetzesvorhaben eine Zusammenstellung der Anregungen, inwieweit sie berücksichtigt worden sind und inwieweit sie nicht berücksichtigt worden sind. Dann geht das Ganze ins parlamentarische Verfahren. Hier ist das Wesen unserer Demokratie, die ja eine repräsentative ist, dass die Abgeordneten diese Entscheidungen eigenverantwortlich treffen. Aufgrund der Stellungnahmen, die abgegeben worden sind, die das Gesetz an sich aus dem jeweiligen Blickwinkel bewerten und dann in dem parlamentarischen Verfahren, das sich dann erst eröffnet, auch nochmal einbezogen werden und auch noch weitere Anhörungen gemacht werden, können dann auch noch Veränderungen vorgenommen werden. Es ist wichtig, dass dieser Prozess gewährleistet ist, aber dass es im Vorfeld auch vertraulichen Austausch geben muss, davon bin ich überzeugt. Es darf ein bestimmtes Maß nicht überschreiten und dafür haben wir, was die Abgeordneten betrifft, ein sehr weitgehendes Gesetz, das die Offenlegung aller Tätigkeiten und Einkünfte umfasst. Damit sind wir in Rheinland-Pfalz am weitesten in der Bundesrepublik Deutschland aufgestellt. Wir haben das Lobbyistenregister und wir versuchen alle Maßnahmen zu treffen, um Lobbyismus auf das vertretbare Maß zu beschränken.

Rath: Das war es also zur Transparenz im Landtag. Ich habe für mich immer so den kulturellen – wir haben ja heute Morgen über Kulturwandel gesprochen – Eindruck gehabt, dass Deutschland ganz toll ist, was Datenschutz angeht. Das Private wird bei uns abgeschottet. Da sind wir führend. Wir hatten das erste Datenschutzgesetz. Und das wird dann auch auf die Behörden übertragen. Man versteht sehr gut, dass die Behörden auch ihren „Datenschutz" haben wollen. In Schweden ist es aber genau umgekehrt. Dort ist es mit dem Datenschutz nicht so toll, da darf man wissen, was der Nachbar verdient usw., aber dort haben sie tolle Transparenzgesetze. Ich hoffe jetzt nicht, dass in dem Maße, wie wir hier in Rheinland-Pfalz und in anderen folgenden Ländern die Transparenz ausbauen, dann der Datenschutz zurückgeht. Im Zweifel wird Herr Wagner versuchen, das zu verhindern. Deswegen ist es vielleicht gut, dass in jedem Land der Datenschutzbeauftragte zugleich auch Beauftragter für die Informationsfreiheit ist. Früher habe ich immer gedacht, das sei schizophren. Aber nein: Es ist dialektisch und in diesem Sinne danke ich für Ihre Geduld und wünsche Ihnen noch einen schönen Nachmittag.

Thomas Raab
Resümee

Ich darf mich zunächst einmal ganz herzlich bei den Teilnehmern der Podiumsdiskussion bedanken. Es war sehr spannend und sehr anregend, die Transparenz-Thematik unter verschiedenen Aspekten beleuchtet zu bekommen. Auch Ihnen, Herr Dr. Rath, danke ich für die stringente Diskussionsführung und das kritische Nachhaken. Mir kommt nun die Aufgabe zu, ein Resümee zu ziehen. Das ist immer eine schwierige Aufgabe, vor allem, wenn man nach einem solch langen Tag allen Teilnehmern gerecht werden möchte. Ich denke, uns wurde heute überzeugend dargelegt, dass der Weg, auf den sich das Land Rheinland-Pfalz begibt, im Prinzip positiv zu bewerten ist, weil er zu einer besseren Bürgerinformation führen kann und weil bessere Information auch effektivere und sinnvollere Mitbestimmung und Bürgerbeteiligung bedeutet. Es ist aber, wie häufig, ein Weg mit Risiken und Nebenwirkungen und es scheint mir ganz wichtig zu sein, dass man mit diesen Risiken und Nebenwirkungen möglichst offen umgeht, sie nicht herunterspielt, nicht schön redet, sondern sagt: „Das hat natürlich verschiedene Implikationen, aber das ist es uns wert."

Ein Punkt sind sicherlich die mehrfach angesprochenen Kosten. Einmal entstehen die in der Gesetzeserläuterung bezifferten Kosten, daneben gibt es aber auch laufende Kosten, selbst wenn diese durch die elektronische Akte verringert werden können. Aber solche Plattformen müssen, wenn sie gut sein sollen, gepflegt werden und das ist nicht zum Nulltarif zu haben. Das, so denke ich, kann man in den Behörden auch vermitteln. Man muss den Beschäftigten allerdings die Sorge nehmen, dass der Zuwachs an Aufgaben auf ihrem Rücken ausgetragen wird. Wenn das gelingt, wird man auch die Bereitschaft finden mitzuwirken. Es scheint mir überhaupt ein zentraler Punkt zu sein, die Mitarbeiter in der Verwaltung davon zu überzeugen, dass es etwas Gutes und Richtiges ist, wofür sie hier eingespannt werden, denn nur dann ist auch die Qualität der entsprechenden Informationen auf Dauer gewährleistet. Ob man die elektronische Akte zuerst hätte einführen sollen und erst anschließend die Transparenzplattform, was wahrscheinlich der einfachere Weg gewesen wäre, oder ob man es für wichtig hält, das

politische Signal der Plattform jetzt zu setzen und dann für einen Übergangszeitraum einen eventuellen Mehraufwand in Kauf zu nehmen, ist eine eminent politische Entscheidung, die der Gesetzgeber zu treffen haben wird.
Wenn ich davon gesprochen habe, dass es wichtig ist, die Folgen des Transparenzgesetzes klar zu benennen, so sollte man sich auch dazu bekennen, dass eine solche Plattform natürlich mit einer höheren Sichtbarkeit der Verwaltung einhergeht. Die Aussage, die Verwaltung werde „transparent, aber nicht gläsern", erscheint mir in diesem Zusammenhang nicht hilfreich. Nur weil „Transparenz" positiv und „gläsern" negativ besetzt ist, kann man mit dem Gegensatzpaar nicht sinnvoll arbeiten. „Transparenz" meint natürlich Sichtbarkeit, und das gleiche drückt schließlich auch der Begriff „gläsern" aus. Die entscheidende Frage ist dann auch nicht, ob Verwaltungsvorgänge sichtbar gemacht werden, sondern in welchem Umfang dies geschieht. Bildlich gesprochen gibt es verschiedene Bereiche: gänzlich gläserne Bereiche, Bereiche mit „Milchglas" und andere Bereiche, die eben gar nicht sichtbar sind. Darauf dürfte es hinauslaufen, wenn man allen Interessen gerecht werden will.
Weiterhin sind die Bereichsausnahmen natürlich ein diskussionswürdiger Punkt. Ich nehme einmal als Beispiel die Drittmittelforschung an den Hochschulen. Hier gibt es ja erhebliche Vorbehalte von Seiten der Hochschulen gegen eine Offenlegung von Kooperationen mit der Privatwirtschaft. Ich gestehe allerdings, dass ich der strikten Ablehnungshaltung anderer Hochschulen, die stärker mit Drittmittelforschung zu tun haben, immer sehr skeptisch gegenüber gestanden habe. Ich denke, man kann nicht leugnen, dass es Gefahren der Einflussnahme von außen gibt und dass die Öffentlichkeit einen gewissen Anspruch darauf hat, hierdurch begründete Abhängigkeiten und Einflussmöglichkeiten erkennen zu können, insbesondere wenn sich hieraus Gefahren für die wissenschaftliche Unabhängigkeit ergeben können. Andererseits muss man in der Tat schauen, dass die Geheimhaltungsinteressen der Unternehmen geschützt werden. Aber so leicht, dass der Bereich der Forschung durch eine Bereichsausnahme völlig ausgeklammert wird und damit außen vor wäre, darf man es sich wohl nicht machen. Das wäre sicherlich problematisch.
Bei den Kammern scheint mir dagegen eine vollständige Bereichsausnahme diskussionswürdig. So erscheint es etwa plausibel, wenn Frau Gäbler sagt, dass die Kammern eben nicht die Allgemeinheit repräsentieren, sondern

einen bestimmten Kreis von Unternehmen. Auch wenn die Kammern öffentlich-rechtlich konstituiert sind, haben sie doch eine mitgliedschaftliche Struktur. Sie sind daher in erster Linie ihren Mitgliedern gegenüber Rechenschaft schuldig. Bei den Kommunen ist dagegen die Bereichsausnahme wohl eher unter dem Aspekt der Praktikabilität zu sehen, da hier die Umsetzung einen besonders hohen Aufwand erfordert, den man den Kommunen nicht zumuten will. Demokratietheoretisch lässt sich dies jedoch kaum rechtfertigen, findet doch in den Kommunen das meiste statt, das für die Bürger unmittelbar von Bedeutung ist und deren tägliches Leben beeinflusst. Man wird daher auf lange Sicht wohl anstreben müssen, die Kommunen irgendwann ebenfalls einzubinden.

Der angesprochene Rückkopplungsaspekt, also der Umstand, dass Bürger aufgrund der Informationen Verwaltungs- oder Gesetzgebungsprozesse beeinflussen können, ist ebenfalls höchst interessant. Christian Winterhoff hat mit Recht darauf hingewiesen, dass man, wenn man demokratische Willensbildungsprozesse transparent machen will, natürlich ebenfalls dokumentieren müsste, ob und inwieweit solche Rückkopplungen Einfluss auf den politischen Prozess genommen haben. Auch insoweit hat Transparenz aber gleichsam natürliche Grenzen. Schließlich ist nicht garantiert, dass sich die Einflussnahme ausschließlich über die Plattform vollzieht. Schließlich wird durch die Existenz einer solchen Plattform das persönliche Gespräch nicht ausgeschlossen. Die Möglichkeiten informeller Einflussnahme jenseits der öffentlichen Wahrnehmung bestehen also weiterhin. Ohnehin muss man sich bewusst sein, dass sich die Vertraulichkeit, so sie denn von den Beteiligten für notwendig erachtet wird, ihre Wege suchen und diese auch finden wird. Das ist so sicher wie das Amen in der Kirche.

Ich will noch einen Punkt aufgreifen, der mir ganz wichtig erscheint und den Sie, Frau Raue, angesprochen hatten. Die Transparenzplattform führt zu einer Fülle von Informationen. Durch die Bereitstellung einer Vielzahl von Dokumenten werden die Informationsmöglichkeiten stark ausgeweitet. Echte demokratische Partizipation setzt aber mehr voraus als den Zugang zu Dokumenten. Dieser wäre wertlos, wenn der Bürger die dortigen Informationen nicht versteht. Noch wichtiger wäre daher, dass man das, was in diesen Dokumenten steht, auch verständlich macht, denn nicht immer sind staatliche Dokumente selbsterklärend. Es ist bei der Podiumsdiskussion das Verwaltungsdeutsch angesprochen worden. In der Tat haben wir ja, ich schließe mich da nicht aus, häufiger Probleme, den Inhalt behördlicher Dokumente zu verstehen. Deswegen halte ich es für einen ganz wichtigen Aspekt, entweder die eingestellten Inhalte von vornherein allgemein verständlich zu formulieren oder – wenn dies nicht möglich ist – die Inhalte um verständliche Erläuterungen zu ergänzen. Diese wichtige Aufgabe sollte bei der Bereitstellung von Dokumenten nicht zu sehr in den Hintergrund treten.

In diesem Zusammenhang ließe sich auch die Botschaft an die Politik senden, dass Ähnliches für den politischen Willensbildungsprozess gilt. Es wäre hilfreich, wenn die Politik noch stärker erklären würde, warum bestimmte Entscheidungen gefällt werden. Ich spreche von den wirklichen Gründen und nicht die, die sich am besten verkaufen lassen. Man handelt sich dann zwar ein bisschen mehr Gegenwind ein, weil politische Zwänge mitunter in ein Spannungsverhältnis zu hehren Zielen der politischen Parteien und Grundsätzen in Parteiprogrammen geraten. Ehrliche Bekenntnisse zu dem, was die Realität der Politik mitunter eben auch abverlangt, würde aber manche Entscheidungen noch besser nachvollziehbar werden lassen und zu einer stärkeren Akzeptanz mancher Entscheidungen beitragen. Auch das wäre ein Gewinn an Transparenz!

Wir dürfen gespannt sein, wie der weitere Prozess in der politischen Debatte um das Transparenzgesetz verlaufen wird. Wir haben gesehen, dass wir bei der Frage nach der Transparenz der Verwaltung eher am Anfang als am Ende stehen. Ich denke, es ist heute völlig zu Recht gesagt worden, dass wir jetzt nicht zu ungeduldig sein dürfen und dem Prozess Zeit geben müssen, weil sich eben nicht nur auf den Servern der Behörden, sondern auch in den Köpfen des ein oder anderen etwas ändern muss. Ich danke allen Teilnehmern, vor allem unseren Rednern, Referenten und Diskutanten, aber auch allen Gästen noch einmal ganz herzlich für ihr Kommen und ihre Beiträge zum Gelingen der heutigen Veranstaltung.

Liste der Referenten

Prof. Dr. *Marion Albers*, Universität Hamburg.

Sylva Gäbler, Geschäftsführerin Recht und Steuern bei der Industrie- und Handelskammer Trier.

Malu Dreyer, Ministerpräsidentin des Landes Rheinland-Pfalz.

Prof. Dr. *Michael Jäckel*, Präsident der Universität Trier.

Norman Koschmieder, Wissenschaftlicher Mitarbeiter am Institut für Rechtspolitik in Trier, Rechtsreferendar in Düsseldorf.

Dr. *Rolf Meier*, Leiter der Abteilung Staatsrecht, Gesetzgebung und Entwicklungszusammenarbeit im Ministerium des Innern, für Sport und Infrastruktur Rheinland-Pfalz.

Prof. Dr. *Thomas Raab*, Universität Trier, Direktor des Instituts für Rechtspolitik.

Dr. *Christian Rath*, Rechtspolitischer Korrespondent.

Katharina Raue, Mitglied des Landtags Rheinland-Pfalz, Fraktion Bündnis 90/Die Grünen.

Edgar Wagner, Beauftragter für den Datenschutz und die Informationsfreiheit Rheinland-Pfalz.

Das Transparenzgesetz Rheinland-Pfalz[1]

Synoptische Gegenüberstellung[2]

Entwurf: Transparenzgesetz	Gültige Fassung ab 27. November 2015
Transparenzgesetz Rheinland-Pfalz (TranspG-E)[3]	Transparenzgesetz Rheinland-Pfalz (TranspG)
Inhaltsübersicht	Inhaltsübersicht
Abschnitt 1	Teil 1
Allgemeine Bestimmungen	Allgemeine Bestimmungen
§ 1 Zweck	§ 1 Zweck des Gesetzes
§ 2 Mittel	§ 2 *Anspruch auf Zugang zu Informationen*
§ 3 Transparenzpflichten der Verwaltung und anderer Stellen	§ 3 *Anwendungsbereich, transparenzpflichtige Stellen*
§ 4 Umfang der Transparenzpflicht	§ 4 Umfang der Transparenzpflicht
§ 5 Begriffsbestimmungen	§ 5 Begriffsbestimmungen

---

1 Dieses Gesetz dient der Umsetzung der Richtlinie 2003/4/EG des Europäischen Parlaments und des Rates vom 28. Januar 2003 über den Zugang der Öffentlichkeit zu Umweltinformationen und zur Aufhebung der Richtlinie 90/313/EWG des Rates (AB. EU Nr. 41 S. 26).
2 Der Gesetzestext ist in vier Schrifttypen gehalten:
– Normalschrift: Die Normalschrift zeigt an, dass es keine Änderung gegenüber dem Entwurf gibt.
– Unterstreichungen des Kursivdrucks: Unterstreichungen des Kursivdrucks zeigen an, dass das Gesetz an dieser Stelle vom Entwurf abweicht.
– Kursivdruck: wenn etwas im Gesetzestext bloß an anderer Stelle als im Entwurf wiedergegeben wird, so sind diese Stellen sowohl im Entwurfs- als auch im Gesetzestext kursiv gedruckt.
– Unterstreichung: bloße unbedeutende Wortlautänderung
Durchstreichungen im Text des Entwurfs zeigen, dass die durchgestrichene Passage nicht im Gesetz übernommen wurde.
3 Der Gesetzentwurf stellt den Stand von April 2015 dar; diese Fassung lag den Tagungsteilnehmern vor.

Abschnitt 2	Teil 2
Transparenz-Plattform	Transparenz-Plattform

§ 6 Transparenz-Plattform	§ 6 *Allgemeine Bestimmungen*
§ 7 Inhalte, Veröffentlichungspflicht	§ 7 *Veröffentlichungspflichtige Informationen*
§ 8 Anforderungen an die Veröffentlichung	§ 8 Anforderungen an die Veröffentlichung
§ 9 Führen von Verzeichnissen, Unterstützung beim Informationszugang	§ 9 Führen von Verzeichnissen, Unterstützung beim Informationszugang
§ 10 Nutzung	§ 10 Nutzung

Abschnitt 3	Teil 3
Recht auf Informationszugang	*Informationszugang auf Antrag*

§ 11 Antrag	§ 11 Antrag
§ 12 Verfahren	§ 12 Verfahren
§ 13 Verfahren bei Beteiligung Dritter	§ 13 Verfahren bei Beteiligung Dritter

Abschnitt 4	Teil 4
Entgegenstehende Belange	Entgegenstehende Belange

§ 14 Entgegenstehende öffentliche Belange	§ 14 Entgegenstehende öffentliche Belange
§ 15 Belange des behördlichen Entscheidungsprozesses	§ 15 Belange des behördlichen Entscheidungsprozesses
§ 16 Entgegenstehende andere Belange	§ 16 Entgegenstehende andere Belange
§ 17 Abwägung	§ 17 Abwägung

Abschnitt 5	Teil 5
Gewährleistung von Transparenz und Offenheit	Gewährleistung von Transparenz und Offenheit

§ 18 Förderung durch die Landesregierung	§ 18 Förderung durch die Landesregierung
§ 19 Landesbeauftragte oder Landesbeauftragter für die Informationsfreiheit	§ 19 Landesbeauftragte oder Landesbeauftragter für die Informationsfreiheit
§ 20 Überwachung	§ 20 Überwachung

§ 21 Ordnungswidrigkeiten
§ 22 Rechtsweg
§ 23 Evaluierung und Bericht

**Abschnitt 6
Schlussbestimmungen**

§ 24 Kosten
§ 25 Übergangsbestimmung

§ 26 Ermächtigung zum Erlass von Rechts- und Verwaltungsvorschriften
§ 27 Änderung des Landesarchivgesetzes
§ 28 Änderung des Landeswassergesetzes
§ 29 Änderung des Landesgesetzes über Mitwirkungsrechte und das Verbandsklagerecht für anerkannte Tierschutzvereine
§ 30 Inkrafttreten

§ 21 Ordnungswidrigkeiten
§ 22 Rechtsweg
§ 23 Evaluierung und Bericht

*Teil 6
Übergangs- und* Schlussbestimmungen

§ 24 Kosten
§ 25 *Ermächtigung zum Erlass von Rechts- und Verwaltungsvorschriften*
§ 26 *Übergangsbestimmungen*

§ 27 Änderung des Landesarchivgesetzes
§ 28 Änderung des Landeswassergesetzes
§ 29 Änderung des Landesgesetzes über Mitwirkungsrechte und das Verbandsklagerecht für anerkannte Tierschutzvereine
§ 30 Inkrafttreten

98 Das Transparenzgesetz Rheinland-Pfalz

Abschnitt 1 Allgemeine Bestimmungen	Teil 1 Allgemeine Bestimmungen
§ 1 Zweck	§ 1 Zweck des Gesetzes

(1) Zweck dieses Gesetzes ist es, den Zugang zu amtlichen Informationen und zu Umweltinformationen zu gewähren, um damit die Transparenz und Offenheit der Verwaltung zu vergrößern.

(1) Zweck dieses Gesetzes ist es, den Zugang zu amtlichen Informationen und zu Umweltinformationen zu gewähren, um damit die Transparenz und Offenheit der Verwaltung zu vergrößern.

(2) Auf diese Weise sollen die demokratische Meinungs- und Willensbildung in der Gesellschaft gefördert, die Möglichkeit der Kontrolle staatlichen Handelns durch die Bürgerinnen und Bürger verbessert, die Nachvollziehbarkeit von politischen Entscheidungen erhöht, Möglichkeiten der demokratischen Teilhabe gefördert sowie die Möglichkeiten des Internets für einen digitalen Dialog zwischen Staat und Gesellschaft genutzt werden.

(2) Auf diese Weise sollen die demokratische Meinungs- und Willensbildung in der Gesellschaft gefördert, die Möglichkeit der Kontrolle staatlichen Handelns durch die Bürgerinnen und Bürger verbessert, die Nachvollziehbarkeit von politischen Entscheidungen erhöht, Möglichkeiten der demokratischen Teilhabe gefördert sowie die Möglichkeiten des Internets für einen digitalen Dialog zwischen Staat und Gesellschaft genutzt werden.

(3) Transparenz und Offenheit sind Leitlinien für das Handeln der Verwaltung. Sie finden ihre Grenzen in entgegenstehenden schutzwürdigen Belangen. ~~Im Rahmen dieses Gesetzes entfällt die Pflicht zur Amtsverschwiegenheit.~~

(3) Transparenz und Offenheit sind Leitlinien für das Handeln der Verwaltung. Sie finden ihre Grenzen in entgegenstehenden schutzwürdigen Belangen.

§ 2 Mittel	§ 2 _Anspruch auf Zugang zu Informationen_

(1) Es wird eine elektronische Plattform (Transparenz-Plattform) aufgebaut, auf der die Verwaltung Informationen von Amts wegen bereitstellt. Natürliche Personen sowie juristische Personen des Privatrechts und nicht rechtsfähige

(1) _Das Land errichtet und betreibt eine elektronische Plattform_ (Transparenz-Plattform), auf der die Verwaltung Informationen von Amts wegen bereitstellt. Natürliche Personen sowie juristische Personen des Privatrechts und nicht rechtsfähige Vereinigungen

Vereinigungen von Bürgerinnen und Bürgern haben jederzeit Zugang zu den auf dieser Plattform enthaltenen Informationen und einen Anspruch darauf, dass die Informationen, für die eine aktive Veröffentlichungspflicht gesetzlich vorgeschrieben ist, auf der Transparenz-Plattform bereitgestellt und veröffentlicht werden.	von Bürgerinnen und Bürgern *haben jederzeit Anspruch* auf 1. *Bereitstellung und Veröffentlichung der Informationen, für die eine Veröffentlichungspflicht gesetzlich vorgeschrieben ist, auf der Transparenz-Plattform,* 2. *Zugang zu den auf der Transparenz-Plattform gemäß den Bestimmungen des Teils 2 veröffentlichten Informationen.* *Satz 2 gilt auch für juristische Personen des öffentlichen Rechts, soweit sie Grundrechtsträger sind.*
(2) Außerdem haben die in Absatz 1 Satz 2 genannten Personen und Vereinigungen einen Anspruch auf Zugang zu Informationen, der durch Antrag geltend zu machen ist. Ein rechtliches oder berechtigtes Interesse muss nicht dargelegt werden.	(2) Die in Absatz 1 Satz 2 *und 3* genannten Personen und *nicht rechtsfähigen* Vereinigungen haben darüber hinaus einen Anspruch auf Zugang zu Informationen, der durch Antrag geltend zu machen ist. Ein rechtliches oder berechtigtes Interesse muss nicht dargelegt werden.
(3) Soweit besondere Rechtsvorschriften den Zugang zu Informationen, die Auskunftserteilung, die Übermittlung oder die Gewährung von Akteneinsicht regeln, gehen diese Vorschriften, mit Ausnahme des § 29 des Verwaltungsverfahrensgesetzes, den Bestimmungen dieses Gesetzes vor.	(3) Soweit besondere Rechtsvorschriften den Zugang zu Informationen, die Auskunftserteilung, die Übermittlung oder die Gewährung von Akteneinsicht regeln, gehen diese *Rechts*vorschriften, mit Ausnahme des § 29 des Verwaltungsverfahrensgesetzes den Bestimmungen dieses Gesetzes vor.
§ 3 **Transparenzpflichten der Verwaltung und anderer Stellen**	**§ 3** *Anwendungsbereich, transparenzpflichtige Stellen*
(1) ~~Die Pflicht, Informationen auf der Transparenz-Plattform zu veröffentlichen (§ 2 Abs. 1) und den Zugang zu Informationen auf Antrag zu gewähren (§ 2 Abs. 2), besteht~~ für die Behörden des Landes, der Gemeinden und der Gemeindeverbände sowie der sonstigen, der Aufsicht des Landes	(1) *Dieses Gesetz gilt* für die Behörden des Landes, der Gemeinden und der Gemeindeverbände sowie der sonstigen der Aufsicht des Landes unterstehenden juristischen Personen des öffentlichen Rechts, soweit sie in öffentlich-rechtlicher oder privatrechtlicher Form Verwaltungstätikeit ausüben*;* § 7 Abs. 5 bleibt unberührt.

unterstehenden juristischen Personen des öffentlichen Rechts, soweit sie in öffentlich-rechtlicher oder privatrechtlicher Form Verwaltungstätigkeit ausüben; § 7 Abs. 5 bleibt unberührt.

| (2) Behörde ist jede Stelle im Sinne des § 2 des Landesverwaltungsverfahrensgesetzes. Einer Behörde steht eine natürliche oder juristische Person des Privatrechts gleich, soweit eine Behörde sich dieser Person zur Erfüllung ihrer öffentlich-rechtlichen Aufgaben bedient oder dieser Person die Erfüllung öffentlich-rechtlicher Aufgaben übertragen wurde. Bei Umweltinformationen ist Satz 2 mit der Maßgabe anwendbar, dass die natürliche oder juristische Person des Privatrechts der Kontrolle des Landes, einer Gemeinde oder eines Gemeindeverbandes oder einer sonstigen der Aufsicht des Landes unterstehenden juristischen Person des öffentlichen Rechts, unterliegt. Öffentliche Gremien, die diese Stellen beraten, gelten als Teil der Stelle, die deren Mitglieder beruft. | (2) Behörde ist jede Stelle im Sinne des § 2 des Landesverwaltungsverfahrensgesetzes. *Für den Zugang zu amtlichen Informationen ist Behörde im Sinne dieses Gesetzes auch eine natürliche oder juristische Person des Privatrechts, soweit eine Behörde sich dieser Person zur Erfüllung ihrer öffentlichen Aufgaben bedient oder dieser Person die Erfüllung öffentlicher Aufgaben übertragen wurde. Für den Zugang zu Umweltinformationen ist Behörde im Sinne dieses Gesetzes auch eine natürliche oder juristische Person des Privatrechts,*
1. die aufgrund von Bundes- oder Landesrecht Aufgaben der öffentlichen Verwaltung wahrnimmt oder Dienstleistungen erbringt, die im Zusammenhang mit der Umwelt stehen oder
2. die öffentliche Aufgaben wahrnimmt oder öffentliche Dienstleistungen erbringt, die im Zusammenhang mit der Umwelt stehen, insbesondere solche der umweltbezogenen Daseinsvorsorge, und dabei der Kontrolle des Landes, einer Gemeinde oder eines Gemeindeverbandes oder einer sonstigen der Aufsicht des Landes unterstehenden juristischen Person des öffentlichen Rechts unterliegt.
Öffentliche Gremien, die diese Stellen beraten, gelten als Teil der Stelle, die deren Mitglieder beruft. |

Das Transparenzgesetz Rheinland-Pfalz 101

(3) Für Umweltinformationen gilt dieses Gesetz auch für die Sparkassen und deren Verbände, die Selbstverwaltungsorganisationen insbesondere der Wirtschaft und der Freien Berufe.

(3) Eine Kontrolle nach Absatz 2 Satz 3 Nr. 2 liegt vor, wenn
1. die Person des Privatrechts bei der Wahrnehmung der öffentlichen Aufgabe oder bei der Erbringung der öffentlichen Dienstleistung gegenüber Dritten besonderen Pflichten unterliegt oder über besondere Rechte verfügt, insbesondere ein Kontrahierungszwang oder ein Anschluss- und Benutzungszwang besteht, oder
2. ein oder mehrere Träger der öffentlichen Verwaltung alleine oder zusammen, unmittelbar oder mittelbar
   a) die Mehrheit des gezeichneten Kapitals des Unternehmens besitzen,
   b) über die Mehrheit der mit den Anteilen des Unternehmens verbundenen Stimmrechte verfügen oder
   c) mehr als die Hälfte der Mitglieder des Verwaltungs-, Leitungs- oder Aufsichtsorgans des Unternehmens bestellen können oder
3. mehrere juristische Personen des öffentlichen Rechts zusammen mittelbar oder unmittelbar über eine Mehrheit nach Nummer 2 verfügen und der überwiegende Anteil an dieser Mehrheit den in _Absatz 2 Satz 3 Nr. 2_ genannten juristischen Personen des öffentlichen Rechts zuzuordnen ist.

(4) Dieses Gesetz gilt für die Gerichte, Strafverfolgungs- und Strafvollstreckungsbehörden nur, soweit sie Aufgaben der öffentlichen Verwaltung wahrnehmen. ~~Unbeschadet des § 7 Abs. 1 Nr. 3 gilt dieses Gesetz für den Landtag nur, soweit er Aufgaben der öffentlichen Verwaltung wahrnimmt.~~

(4) Dieses Gesetz gilt für _den Landtag_, die Gerichte sowie die Strafverfolgungs- und Strafvollstreckungsbehörden nur, soweit sie Aufgaben der öffentlichen Verwaltung wahrnehmen.

(5) Dieses Gesetz gilt unbeschadet des Absatzes 3 nicht für die Sparkassen und deren Verbände, die Selbstverwaltungsorganisationen insbesondere der Wirtschaft und der Freien Berufe. Für die öffentlich-rechtlichen Rundfunkanstalten gilt dieses Gesetz nur, soweit sie Aufgaben der öffentlichen Verwaltung wahrnehmen. Diese Einrichtungen sorgen in eigener Verantwortung für Transparenz und Offenheit gegenüber den Bürgerinnen und Bürgern.

(6) *Nach diesem Gesetz besteht keine Informations- und Veröffentlichungspflicht für steuerrechtliche Verfahren nach der Abgabenordnung.*

(7) Der Landesrechnungshof soll Dritten durch Auskunft, Akteneinsicht oder in sonstiger Weise Zugang zu dem Prüfungsergebnis gewähren, wenn dieses abschließend festgestellt wurde. Zum Schutz des Prüfungs- und

(5) *Dieses Gesetz gilt für den Landesrechnungshof nur, soweit antragstellenden Personen durch Auskunft, Akteneinsicht oder in sonstiger Weise Zugang zu dem Prüfungsergebnis gewährt wird, wenn dieses abschließend festgestellt wurde. Zum Schutz des Prüfungs- und Beratungsverfahrens wird Zugang zu den zur Prüfungs- und Beratungstätigkeit geführten Akten nicht gewährt. Dies gilt auch für die entsprechenden Akten bei den geprüften Stellen. Satz 1 findet entsprechende Anwendung auf die Tätigkeit der Präsidentin oder des Präsidenten des Landesrechnungshofs als die oder der Beauftragte für die Wirtschaftlichkeit der Verwaltung.*

(6) *Für den Zugang zu amtlichen Informationen gilt dieses Gesetz nicht für Sparkassen und deren Verbände und für andere öffentlich-rechtliche Kreditinstitute gemäß § 1 Abs. 1 des Kreditwesengesetzes sowie die Selbstverwaltungsorganisationen, insbesondere der Wirtschaft und der Freien Berufe. Diese sorgen in eigener Verantwortung für Transparenz und Offenheit gegenüber den Bürgerinnen und Bürgern. Für den Zugang zu Umweltinformationen gilt dieses Gesetz abweichend von Satz 1 auch für Sparkassen und deren Verbände und für andere öffentlich-rechtliche Kreditinstitute gemäß § 1 Abs. 1 des Kreditwesengesetzes sowie die Selbstverwaltungsorganisationen, insbesondere der Wirtschaft und der Freien Berufe.*

(7) *Dieses Gesetz gilt für die öffentlich-rechtlichen Rundfunkanstalten nur, soweit sie Aufgaben der öffentlichen Verwaltung wahrnehmen und dies staatsvertraglich geregelt ist.*

Beratungsverfahrens wird
Zugang zu den zur Prüfungs- und
Beratungstätigkeit geführten Akten
nicht gewährt. Dies gilt auch für
die entsprechenden Akten bei den
geprüften Stellen. Diese Regelung
findet entsprechende Anwendung auf
die Tätigkeit der Präsidentin oder des
Präsidenten des Landesrechnungshofs
als der oder des Beauftragten für die
Wirtschaftlichkeit in der Verwaltung.

(8) Dieses Gesetz gilt nicht für steuerrechtliche Verfahren nach der Abgabenordnung.

§ 4
Umfang der Transparenzpflicht

(1) Der Transparenzpflicht unterliegen Informationen, über die die transparenzpflichtigen Stellen verfügen oder die an anderer Stelle für sie bereitgehalten werden. Ein Bereithalten liegt vor, wenn eine natürliche oder juristische Person, die selbst nicht transparenzpflichtige Stelle ist, Informationen für eine transparenzpflichtige Stelle aufbewahrt, auf die diese Stelle einen Übermittlungsanspruch hat.

(2) Die transparenzpflichtigen Stellen gewährleisten, soweit möglich, dass alle von ihnen oder für sie zusammengestellten Informationen auf dem gegenwärtigen Stand, exakt und vergleichbar sind.

(3) Die Einstellung von Informationen auf der Transparenz-Plattform nach § 6 entbindet nicht von anderweitigen

§ 4
Umfang der Transparenzpflicht

(1) Nach diesem Gesetz besteht die Pflicht, Informationen gemäß den Bestimmungen des Teils 2 auf der Transparenz-Plattform zu veröffentlichen sowie den Zugang zu Informationen gemäß den Bestimmungen des Teils 3 auf Antrag zu gewähren (Transparenzpflicht).

(2) Der Transparenzpflicht unterliegen Informationen, über die die transparenzpflichtigen Stellen verfügen oder die für sie bereitgehalten werden. Ein Bereithalten liegt vor, wenn eine natürliche oder juristische Person, die selbst nicht transparenzpflichtige Stelle ist, Informationen für eine transparenzpflichtige Stelle aufbewahrt, auf die diese Stelle einen Übermittlungsanspruch hat.

(3) Die transparenzpflichtigen Stellen gewährleisten, soweit möglich, dass alle von ihnen oder für sie

Verpflichtungen, für eine angemessene Verbreitung der Information zu sorgen.	*zusammengestellten Informationen auf dem gegenwärtigen Stand, exakt und vergleichbar sind.*
(4) Veröffentlichungspflichtige amtliche Informationen sind zehn Jahre, Umweltinformationen dauerhaft elektronisch zugänglich zu halten. Dies gilt nicht für Umweltinformationen, die vor dem 28. Januar 2003 erhoben wurden, es sei denn, diese Daten sind bereits in elektronischer Form vorhanden. Elektronische Unterlagen sind nach Maßgabe des Landesarchivgesetzes vom 5. Oktober 1990 (GVBl. S. 227, BS 224-10) in der jeweils geltenden Fassung der Landesarchivverwaltung anzubieten.	*(4) Das Bereitstellen von Informationen auf der Transparenz-Plattform nach § 6 entbindet nicht von anderweitigen Verpflichtungen, für eine Verbreitung der Informationen zu sorgen.*
	(5) Veröffentlichungspflichtige amtliche Informationen sind zehn Jahre, Umweltinformationen dauerhaft elektronisch zugänglich zu halten. Dies gilt nicht für Umweltinformationen, die vor dem 28. Januar 2003 erhoben wurden, es sei denn, diese Daten sind bereits in elektronischer Form vorhanden. <u>§ 7 Abs. 3 des Landesarchivgesetzes vom 5. Oktober 1990 (GVBl. S. 277, BS 224-10) in der jeweils geltenden Fassung bleibt unberührt.</u>
§ 5 Begriffsbestimmungen	§ 5 Begriffsbestimmungen
(1) Informationen im Sinne dieses Gesetzes sind amtliche Informationen und Umweltinformationen.	(1) Informationen im Sinne dieses Gesetzes sind amtliche Informationen und Umweltinformationen, <u>unabhängig von der Art ihrer Speicherung.</u>
(2) Amtliche Informationen sind alle dienstlichen Zwecken dienenden Aufzeichnungen, ~~unabhängig von der Art ihrer Speicherung.~~ Entwürfe und Notizen gehören nur dazu, wenn sie Bestandteil eines Vorgangs werden sollen.	(2) Amtliche Informationen sind alle dienstlichen Zwecken dienenden Aufzeichnungen; dies gilt für Entwürfe und Notizen nur, wenn sie Bestandteil eines Vorgangs werden sollen.

(3) Umweltinformationen sind unabhängig von der Art ihrer Speicherung alle Daten über
1. den Zustand von Umweltbestandteilen wie Luft und Atmosphäre, Wasser, Boden, Landschaft und natürliche Lebensräume einschließlich Feuchtgebiete, Küsten- und Meeresgebiete, die Artenvielfalt und ihre Bestandteile, einschließlich gentechnisch veränderter Organismen, sowie die Wechselwirkungen zwischen diesen Bestandteilen,
2. Faktoren wie Stoffe, Energie, Lärm und Strahlung, Abfälle aller Art sowie Emissionen, Ableitungen und sonstige Freisetzungen von Stoffen in die Umwelt, die sich auf die Umweltbestandteile im Sinne von Nummer 1 auswirken oder wahrscheinlich auswirken,
3. Maßnahmen oder Tätigkeiten, die
   a) sich auf die Umweltbestandteile im Sinne der Nummer 1 oder auf Faktoren im Sinne der Nummer 2 auswirken oder wahrscheinlich auswirken oder
   b) den Schutz von Umweltbestandteilen im Sinne der Nummer 1 bezwecken; zu diesen Maßnahmen gehören auch politische Konzepte, Rechts- und Verwaltungsvorschriften, Abkommen, Umweltvereinbarungen, Pläne und Programme,
4. Berichte über die Umsetzung des Umweltrechts,
5. Kosten-Nutzen-Analysen oder sonstige wirtschaftliche Analysen und Annahmen, die zur Vorbereitung oder Durchführung von Maßnahmen oder Tätigkeiten im Sinne von Nummer 3 verwendet werden, und

(3) Umweltinformationen sind alle Daten über
1. den Zustand von Umweltbestandteilen wie Luft und Atmosphäre, Wasser, Boden, Landschaft und natürliche Lebensräume einschließlich Feuchtgebiete, Küsten- und Meeresgebiete, die Artenvielfalt und ihre Bestandteile, einschließlich gentechnisch veränderter Organismen, sowie die Wechselwirkungen zwischen diesen Bestandteilen,
2. Faktoren wie Stoffe, Energie, Lärm und Strahlung, Abfälle aller Art sowie Emissionen, Ableitungen und sonstige Freisetzungen von Stoffen in die Umwelt, die sich auf die Umweltbestandteile im Sinne von Nummer 1 auswirken oder wahrscheinlich auswirken,
3. Maßnahmen oder Tätigkeiten, die
   a) sich auf die Umweltbestandteile im Sinne der Nummer 1 oder auf Faktoren im Sinne der Nummer 2 auswirken oder wahrscheinlich auswirken oder
   b) den Schutz von Umweltbestandteilen im Sinne der Nummer 1 bezwecken; zu diesen Maßnahmen gehören auch politische Konzepte, Rechts- und Verwaltungsvorschriften, Abkommen, Umweltvereinbarungen, Pläne und Programme,
4. Berichte über die Umsetzung des Umweltrechts,
5. Kosten-Nutzen-Analysen oder sonstige wirtschaftliche Analysen und Annahmen, die zur Vorbereitung oder Durchführung von Maßnahmen oder Tätigkeiten im Sinne der Nummer 3 verwendet werden, und

6. den Zustand der menschlichen Gesundheit und Sicherheit, die Lebensbedingungen des Menschen sowie Kulturstätten und Bauwerke, soweit sie jeweils vom Zustand der Umweltbestandteile im Sinne der Nummer 1, von Faktoren im Sinne der Nummer 2 oder von Maßnahmen oder Tätigkeiten im Sinne der Nummer 3 betroffen sind oder sein können; hierzu gehört auch die Kontamination der Lebensmittelkette.

(4) ~~Eine Kontrolle nach § 3 Abs. 2 Satz 3 liegt vor, wenn~~

1. die Person des Privatrechts bei der Wahrnehmung der öffentlichen Aufgabe oder bei der Erbringung der öffentlichen Dienstleistung gegenüber Dritten besonderen Pflichten unterliegt oder über besondere Rechte verfügt, insbesondere ein Kontrahierungszwang oder ein Anschluss- und Benutzungszwang besteht, oder

2. ein oder mehrere Träger der öffentlichen Verwaltung alleine oder zusammen, unmittelbar oder mittelbar

a) die Mehrheit des gezeichneten Kapitals des Unternehmens besitzen,

b) über die Mehrheit der mit den Anteilen des Unternehmens verbundenen Stimmrechte verfügen oder

c) mehr als die Hälfte der Mitglieder des Verwaltungs-, Leitungs- oder Aufsichtsorgans des Unternehmens bestellen können oder

6. den Zustand der menschlichen Gesundheit und Sicherheit, die Lebensbedingungen des Menschen sowie Kulturstätten und Bauwerke, soweit sie jeweils vom Zustand der Umweltbestandteile im Sinne der Nummer 1, von Faktoren im Sinne der Nummer 2 oder von Maßnahmen oder Tätigkeiten im Sinne der Nummer 3 betroffen sind oder sein können; hierzu gehört auch die Kontamination der Lebensmittelkette.

(4) *Im Sinne dieses Gesetzes ist*

1. ein maschinenlesbares Format ein Dateiformat, das so strukturiert ist, dass Softwareanwendungen bestimmte Daten, einschließlich einzelner Sachverhaltsdarstellungen und deren interner Struktur, leicht identifizieren, erkennen und extrahieren können,

2. ein offenes Format ein Dateiformat, das plattformunabhängig ist und der Öffentlichkeit ohne Einschränkungen, die der Weiterverwendung von Informationen hinderlich wären, zugänglich gemacht wird.

3. mehrere juristische Personen des öffentlichen Rechts zusammen mittelbar oder unmittelbar über eine Mehrheit nach Nummer 2 verfügen und der überwiegende Anteil an dieser Mehrheit den in Absatz 4 Satz 2 genannten juristischen Personen des öffentlichen Rechts zuzuordnen ist. Wird die Kontrolle durch mehrere transparenzpflichtige Stellen ausgeübt, sollen diese einvernehmlich eine Entscheidung darüber treffen, welche von ihnen die Aufgaben gemäß § 20 wahrnehmen soll.

(5) ~~Dritte sind diejenigen, über die personenbezogene Daten oder sonstige Informationen vorliegen.~~

3. ein anerkannter, offener Standard ein schriftlich niedergelegter Standard, in dem die Anforderungen für die Sicherstellung der Interoperabilität der Software niedergelegt sind.

(5) Weiterverwendung ist jede Nutzung von Informationen für kommerzielle oder nichtkommerzielle Zwecke, die über die Erfüllung einer öffentlichen Aufgabe hinausgeht; die intellektuelle Wahrnehmung einer Information und die Verwertung des dadurch erlangten Wissens stellen regelmäßig keine Weiterverwendung dar.

(6) Betriebs- und Geschäftsgeheimnisse im Sinne dieses Gesetzes sind alle auf ein Unternehmen bezogene Tatsachen, Umstände und Vorgänge, die nicht offenkundig, sondern nur einem begrenzten Personenkreis zugänglich sind und an deren Nichtverbreitung der Rechtsträger ein berechtigtes Interesse hat. Ein berechtigtes Interesse liegt vor, wenn das Bekanntwerden einer Tatsache geeignet ist, die Wettbewerbsposition eines Konkurrenten zu fördern oder die Stellung des eigenen Betriebs im Wettbewerb zu schmälern oder wenn es geeignet ist, dem Geheimnisträger Schaden zuzufügen.

Abschnitt 2	Teil 2
Transparenz-Plattform	Transparenz-Plattform
§ 6	§ 6
Transparenz-Plattform	Allgemeine Bestimmungen

(1) Auf der Transparenz-Plattform des Landes werden vorbehaltlich der §§ 14 bis 17 die in § 7 genannten Informationen in elektronischer Form zugänglich gemacht. *Bereits vorhandene Informationsangebote können in die Transparenz-Plattform integriert werden.*	(1) Auf der Transparenz-Plattform des Landes werden vorbehaltlich der §§ 14 bis 17 die in § 7 genannten Informationen in elektronischer Form zugänglich gemacht.
(2) Die Transparenz-Plattform enthält eine Suchfunktion sowie eine Rückmeldefunktion. Die Rückmeldefunktion soll es den Nutzerinnen und Nutzern ermöglichen, vorhandene Informationen zu bewerten und auf Informationsdefizite und Informationswünsche aufmerksam zu machen.	*(2) Bereits vorhandene Informationsangebote können <u>vorbehaltlich der §§ 14 bis 17</u> in die Transparenz-Plattform integriert werden.*
	(3) Die Transparenz-Plattform enthält eine Suchfunktion sowie eine <u>nicht anonyme</u> Rückmeldefunktion. Die Rückmeldefunktion soll es den Nutzerinnen und Nutzern ermöglichen, vorhandene Informationen zu bewerten und auf Informationsdefizite und Informationswünsche aufmerksam zu machen.

§ 7	§ 7
Inhalte, Veröffentlichungspflicht	<u>Veröffentlichungspflichtige Informationen</u>

(1) Der ~~aktiven~~ Veröffentlichungspflicht auf der Transparenz-Plattform im Sinne des § 6 unterliegen vorbehaltlich der §§ 14 bis 17	(1) Der Veröffentlichungspflicht auf der Transparenz-Plattform im Sinne des § 6 unterliegen vorbehaltlich der §§ 14 bis 17
1. Ministerratsbeschlüsse; diese sind zu erläutern, soweit dies für das Verständnis erforderlich ist, Beschlüsse zum Abstimmungsverhalten im	1. Ministerratsbeschlüsse; diese sind zu erläutern, soweit dies für das Verständnis erforderlich ist; Beschlüsse zum Abstimmungsverhalten im

Bundesrat sind nur im Ergebnis zu veröffentlichen,
2. Berichte und Mitteilungen der Landesregierung an den Landtag,
3. in öffentlicher Sitzung gefasste Beschlüsse nebst den zugehörigen Protokollen und Anlagen,
4. die wesentlichen Inhalte von Verträgen von allgemeinem öffentlichen Interesse mit einem Auftragswert von mehr als 20 000,00 EUR, soweit es sich nicht um Beschaffungsverträge handelt,

5. Haushalts-, Stellen-, Organisations-, Geschäftsverteilungs- und Aktenpläne,
6. Verwaltungsvorschriften und allgemeine Veröffentlichungen,
7. amtliche Statistiken und Tätigkeitsberichte,
8. Gutachten und Studien, soweit sie von Behörden in Auftrag gegeben wurden, in Entscheidungen der Behörden einfließen oder ihrer Vorbereitung dienen,
9. Geodaten,

10. die von den transparenzpflichtigen Stellen erstellten öffentliche Pläne, wie der Landeskrankenhausplan, und andere landesweite Planungen,

11. Zuwendungsbescheide, soweit es sich um Vergaben ab einem Wert von 1 000,00 EUR handelt,
12. Zuwendungen an die öffentliche Hand ab einem Wert von 1 000,00 EUR,
13. die wesentlichen Unternehmensdaten von Beteiligungen des Landes an privatrechtlichen Unternehmen

Bundesrat sind nur im Ergebnis zu veröffentlichen,
2. Berichte und Mitteilungen der Landesregierung an den Landtag,
3. in öffentlicher Sitzung gefasste Beschlüsse nebst den zugehörigen Protokollen und Anlagen,
4. die wesentlichen Inhalte von Verträgen von allgemeinem öffentlichen Interesse mit einem Auftragswert von mehr als 20 000,00 EUR, soweit es sich nicht um Beschaffungsverträge *oder Verträge über Kredite und Finanztermingeschäfte* handelt,

5. Haushalts-, Stellen-, Organisations-, Geschäftsverteilungs- und Aktenpläne,
6. Verwaltungsvorschriften und allgemeine Veröffentlichungen,
7. amtliche Statistiken und Tätigkeitsberichte,
8. Gutachten und Studien, soweit sie von Behörden in Auftrag gegeben wurden, in Entscheidungen der Behörden einflossen oder ihrer Vorbereitung dienten,
9. Geodaten *nach Maßgabe des Landesgeodateninfrastrukturgesetzes vom 23. Dezember 2010 (GVBl. S. 548, BS 219-2) in der jeweils geltenden Fassung,*

10. die von den transparenzpflichtigen Stellen erstellten öffentlichen Pläne, *insbesondere* der Landeskrankenhausplan, und andere landesweite Planungen,

11. Zuwendungen, soweit es sich um Fördersummen ab einem Betrag von 1 000,00 EUR handelt,
12. Zuwendungen an die öffentliche Hand ab einem Betrag von 1 000,00 EUR,
13. die wesentlichen Unternehmensdaten von Beteiligungen des Landes an privatrechtlichen Unternehmen,

und Daten über die wirtschaftliche Situation der durch das Land errichteten rechtlich selbstständigen Anstalten bzw. rechtsfähigen Körperschaften des öffentlichen Rechts mit wirtschaftlichem Geschäftsbetrieb und Stiftungen einschließlich einer Darstellung der jährlichen Vergütungen und Nebenleistungen für die Leitungsebene,

14. Antworten der transparenzpflichtigen Stellen des Landes auf Anträge nach § 11, soweit diese elektronisch gestellt wurden ~~und die Antragstellerin oder der Antragsteller der Veröffentlichung zugestimmt hat.~~

(2) Darüber hinaus unterliegen der Veröffentlichungspflicht die nachstehenden Umweltinformationen:
1. der Wortlaut von völkerrechtlichen Verträgen, das von den Organen der Europäischen Union erlassene Unionsrecht sowie Rechtsvorschriften von Bund, Land, Gemeinden und Gemeindeverbänden über die Umwelt oder mit Bezug zur Umwelt,
2. politische Konzepte sowie Pläne und Programme mit Bezug zur Umwelt,
3. Berichte über den Stand der Umsetzung von Rechtsvorschriften sowie Konzepten, Plänen und Programmen nach den Nummern 1 und 2, sofern solche Berichte von den jeweiligen informationspflichtigen Stellen in elektronischer Form ausgearbeitet worden sind oder bereitgehalten werden,
4. Daten oder Zusammenfassungen von Daten aus der Überwachung von

soweit sie der Kontrolle des Landes im Sinne des § 3 Abs. 3 Nr. 2 und 3 unterliegen, und Daten über die wirtschaftliche Situation der durch das Land errichteten rechtlich selbstständigen Anstalten, *rechtsfähigen Körperschaften* des öffentlichen Rechts mit wirtschaftlichem Geschäftsbetrieb und Stiftungen einschließlich einer Darstellung der jährlichen Vergütungen und Nebenleistungen für die Leitungsebene,

14. *im Rahmen des Antragsverfahrens gemäß den Bestimmungen des Teils 3 elektronisch zugänglich gemachte Informationen.*

(2) Darüber hinaus unterliegen *vorbehaltlich der §§ 14 bis 17* die nachstehenden Umweltinformationen der Veröffentlichungspflicht:
1. der Wortlaut von völkerrechtlichen Verträgen, das von den Organen der Europäischen Union erlassene Unionsrecht sowie Rechtsvorschriften von Bund, Land, Gemeinden und Gemeindeverbänden über die Umwelt oder mit Bezug zur Umwelt,
2. politische Konzepte sowie Pläne und Programme mit Bezug zur Umwelt,
3. Berichte über den Stand der Umsetzung von Rechtsvorschriften sowie Konzepten, Plänen und Programmen nach den Nummern 1 und 2, sofern solche Berichte von den jeweiligen transparenzpflichtigen Stellen in elektronischer Form ausgearbeitet worden sind oder bereitgehalten werden,
4. Daten oder Zusammenfassungen von Daten aus der Überwachung von

Tätigkeiten, die sich auf die Umwelt auswirken oder wahrscheinlich auswirken,
5. Zulassungsentscheidungen, die erhebliche Auswirkungen auf die Umwelt haben, und Umweltvereinbarungen sowie
6. zusammenfassende Darstellung und Bewertung der Umweltauswirkungen nach den §§ 11 und 12 des Gesetzes über die Umweltverträglichkeitsprüfung in der Fassung vom 5. September 2001 (BGBl. I S. 2350) in der jeweils geltenden Fassung und Risikobewertungen im Hinblick auf Umweltbestandteile nach § 5 Abs. 3 Nr. 1.

In den Fällen des Satzes 1 Nr. 5 und 6 genügt zur Verbreitung die Angabe, wo solche Informationen zugänglich sind oder gefunden werden können. Im Fall einer unmittelbaren Bedrohung der menschlichen Gesundheit oder der Umwelt haben die transparenzpflichtigen Stellen sämtliche Umweltinformationen, über die sie verfügen und die es der eventuell betroffenen Öffentlichkeit ermöglichen könnten, Maßnahmen zur Abwendung oder Begrenzung von Schäden infolge dieser Bedrohung zu ergreifen, unmittelbar und unverzüglich zu verbreiten; dies gilt unabhängig davon, ob diese Folge menschlicher Tätigkeit oder einer natürlichen Ursache ist. Verfügen mehrere transparenzpflichtige Stellen über solche Informationen, sollen sie sich bei deren Verbreitung abstimmen. Die Anforderungen an die Verbreitung von Umweltinformationen können auch dadurch erfüllt werden, dass

Tätigkeiten, die sich auf die Umwelt auswirken oder wahrscheinlich auswirken,
5. Zulassungsentscheidungen, die erhebliche Auswirkungen auf die Umwelt haben, und Umweltvereinbarungen sowie
6. zusammenfassende Darstellungen und Bewertungen der Umweltauswirkungen nach den §§ 11 und 12 des Gesetzes über die Umweltverträglichkeitsprüfung in der *Fassung vom 24. Februar 2010 (BGBl. I S. 94)* in der jeweils geltenden Fassung und Risikobewertungen im Hinblick auf Umweltbestandteile nach § 5 Abs. 3 Nr. 1.

In den Fällen des Satzes 1 Nr. 5 und 6 genügt zur Verbreitung die Angabe, wo solche Informationen zugänglich sind oder gefunden werden können. Im Fall einer unmittelbaren Bedrohung der menschlichen Gesundheit oder der Umwelt haben die transparenzpflichtigen Stellen sämtliche Umweltinformationen, über die sie verfügen und die es der eventuell betroffenen Öffentlichkeit ermöglichen könnten, Maßnahmen zur Abwendung oder Begrenzung von Schäden infolge dieser Bedrohung zu ergreifen, unmittelbar und unverzüglich zu verbreiten; dies gilt unabhängig davon, ob diese Folge menschlicher Tätigkeit oder einer natürlichen Ursache ist. Verfügen mehrere transparenzpflichtige Stellen über solche Informationen, sollen sie sich bei deren Verbreitung abstimmen. Die Anforderungen an die Verbreitung von Umweltinformationen können auch dadurch erfüllt werden, dass Verknüpfungen zu Internet-Seiten

Verknüpfungen zu Internet-Seiten eingerichtet werden, auf denen die zu verbreitenden Umweltinformationen zu finden sind. Die Wahrnehmung dieser Aufgaben kann auf bestimmte Stellen der öffentlichen Verwaltung oder private Stellen übertragen werden.

(3) ~~Informationen im Sinne der Absätze 1 und 2 unterliegen auch dem Recht auf Informationszugang im Antragsverfahren, wenn hierfür ein berechtigtes Interesse besteht.~~

(4) Informationen, bei denen aufgrund anderer Rechtsvorschriften eine Veröffentlichungspflicht besteht, sollen ebenfalls auf der Transparenz-Plattform veröffentlicht werden.

(5) Die Bestimmungen über die Veröffentlichungspflicht gelten mit Ausnahme der in Absatz 1 Nr. 5 genannten Organisationspläne und des Absatzes 2 nicht für die Gemeinden und Gemeindeverbände sowie die sonstigen der Rechtsaufsicht des Landes unterstehenden juristischen Personen des öffentlichen Rechts. Diese können bei ihnen vorhandene Informationen gemäß Absatz 1 zur Veröffentlichung auf der Transparenz-Plattform bereitstellen. Satz 2 gilt auch für andere Stellen.

eingerichtet werden, auf denen die zu verbreitenden Umweltinformationen zu finden sind. Die Wahrnehmung _der Aufgaben nach den Sätzen 1 bis 5_ kann auf bestimmte Stellen der öffentlichen Verwaltung oder private Stellen übertragen werden.

(3) Informationen, bei denen aufgrund anderer Rechtsvorschriften eine Veröffentlichungspflicht besteht, sollen auch auf der Transparenz-Plattform veröffentlicht werden.

(4) _Die Absätze 1 bis 3_ gelten mit Ausnahme der in Absatz 1 Nr. 5 genannten Organisationspläne und des Absatzes 2 nicht für die Gemeinden und Gemeindeverbände, die sonstigen der Rechtsaufsicht des Landes unterstehenden juristischen Personen des öffentlichen Rechts _sowie für die von diesen mit öffentlichen Aufgaben betrauten transparenzpflichtigen Stellen nach § 3 Abs. 2 Satz 2_. Diese können die bei ihnen im Übrigen vorhandenen Informationen gemäß Absatz 1 zur Veröffentlichung auf der Transparenz-Plattform bereitstellen.

(5) _Transparenzpflichtige Stellen, die nach diesem Gesetz nicht zur Veröffentlichung von Informationen nach Absatz 1 verpflichtet sind,_ können die bei ihnen vorhandenen Informationen auf der Transparenz-Plattform bereitstellen.

§ 8
Anforderungen an die Veröffentlichung

(1) Die transparenzpflichtigen Stellen sind verpflichtet, die Informationen auf der Transparenz-Plattform in geeigneter Weise bereitzustellen. Soweit Rückmeldungen nach § 6 Abs. 2 den Schluss zulassen, dass bestimmte Informationen der Erläuterung bedürfen, sind diese in verständlicher Weise abzufassen und auf der Transparenz-Plattform bereitzustellen.

(2) Die transparenzpflichtigen Stellen sollen Informationen im Volltext als elektronische Dokumente bereitstellen. Dabei sollen die Daten so vollständig wie möglich dokumentiert werden.

(3) Alle Dokumente sollen leicht auffindbar, maschinell lesbar und druckbar sein.

(4) Die Informationen sollen in einem Format bereitgestellt werden, das eine teilweise oder vollständige Wiederverwendung und automatisierte Weiterverarbeitung ermöglicht. Das Datenformat soll frei zugänglich sein und anerkannten Standards entsprechen.

§ 8
Anforderungen an die Veröffentlichung

(1) Die transparenzpflichtigen Stellen sind verpflichtet, Informationen auf der Transparenz-Plattform in geeigneter Weise bereitzustellen. *Dabei sollen Informationen im Volltext als elektronische Dokumente bereitgestellt und Daten so vollständig wie möglich dokumentiert werden.*

(2) *Soweit Rückmeldungen nach § 6 Abs. 3 den Schluss zulassen, dass bestimmte Informationen der Erläuterung bedürfen, sind diese in verständlicher Weise abzufassen und auf der Transparenz-Plattform bereitzustellen.*

(3) *Informationen sind in allen angefragten Formaten und Sprachen, in denen sie bei der transparenzpflichtigen Stelle vorliegen, zur Weiterverwendung zur Verfügung zu stellen; soweit möglich und wenn damit für die transparenzpflichtige Stelle kein unverhältnismäßiger Aufwand verbunden ist, sind sie in einem offenen und maschinenlesbaren Format zusammen mit den zugehörigen Metadaten bereitzustellen. Sowohl die Formate als auch die Metadaten sollen so weit wie möglich anerkannten, offenen Standards entsprechen.*

(4) *Die bereitgestellten Informationen sind in angemessenen Abständen zu aktualisieren.*

(5) Die Informationen sind in angemessenen Abständen zu aktualisieren.

(6) Soweit die transparenzpflichtigen Stellen über einen eigenen Internetauftritt verfügen, haben sie auf der Einstiegswebsite ausdrücklich auf dieses Gesetz, auf die danach bestehenden Informationszugangsrechte und auf die Befugnisse der oder des Landesbeauftragten für Informationsfreiheit (§ 19) hinzuweisen.

(5) Soweit die transparenzpflichtigen Stellen über einen eigenen Internetauftritt verfügen, haben sie auf der Einstiegswebsite ausdrücklich auf dieses Gesetz, auf den danach bestehenden Anspruch auf Informationszugang und auf die Befugnisse der oder des Landesbeauftragten für die Informationsfreiheit (§ 19) hinzuweisen. <u>Satz 1 gilt nicht für die in § 7 Abs. 4 Satz 1 und Abs. 5 genannten transparenzpflichtigen Stellen.</u>

§ 9
Führen von Verzeichnissen, Unterstützung beim Informationszugang

§ 9
Führen von Verzeichnissen, Unterstützung beim Informationszugang

(1) Die transparenzpflichtigen Stellen führen und *veröffentlichen Verzeichnisse, aus denen sich die vorhandenen Informationssammlungen und -zwecke erkennen lassen und Verzeichnisse über verfügbare Umweltinformationen.*

(1) Die transparenzpflichtigen Stellen *treffen praktische Vorkehrungen zur Erleichterung des Informationszugangs, beispielsweise durch*
1. *die Benennung von Auskunftspersonen oder Informationsstellen und,*
2. *soweit sich diese Angaben nicht bereits aus der Transparenz-Plattform ergeben, durch das Führen und Veröffentlichen von*
   a) *Verzeichnissen, aus denen sich die vorhandenen Informationssammlungen und -zwecke erkennen lassen und*
   b) *Verzeichnissen über verfügbare Umweltinformationen.*

Das Transparenzgesetz Rheinland-Pfalz

(2) Die in § 3 genannten Stellen sollen die Umsetzung dieses Gesetzes durch Bestellung eines Beauftragten fördern; soweit möglich soll diese Aufgabe den behördlichen Datenschutzbeauftragten übertragen werden. § 11 Abs. 5 des Landesdatenschutzgesetzes gilt entsprechend. Im Rahmen ihrer Möglichkeiten können die Gemeinden und Gemeindeverbände vergleichbare Hilfestellungen vorsehen.

(3) Die transparenzpflichtigen Stellen treffen praktische Vorkehrungen, um den Zugang zu den bei ihnen verfügbaren Informationen zu erleichtern, insbesondere durch die Benennung von Auskunftspersonen oder Informationsstellen.

(4) Der Zugang zu Informationen soll soweit möglich barrierefrei erfolgen.

Soweit möglich hat die Veröffentlichung der Verzeichnisse in elektronischer Form zu erfolgen.

(2) Die *transparenzpflichtigen* Stellen sollen *den Zugang zu Informationen* durch Bestellung einer oder eines Beauftragten fördern; soweit möglich, soll diese Aufgabe den behördlichen Datenschutzbeauftragten übertragen werden. § 11 Abs. 5 Satz 1 und 2 des Landesdatenschutzgesetzes gilt entsprechend. *Die Sätze 1 und 2 gelten nicht für die in § 7 Abs. 4 Satz 1 und Abs. 5 genannten transparenzpflichtigen Stellen; diese können geeignete Unterstützungsmaßnahmen vorsehen.*

(3) Der Zugang zu Informationen soll soweit möglich barrierefrei erfolgen.

§ 10
Nutzung

(1) Der Zugang zur Transparenz-Plattform ist kostenlos und in anonymer Form zu ermöglichen. Er soll auch in den Dienstgebäuden der Landesverwaltung gewährleistet werden.

(2) Die Nutzung, Weiterverwendung und Verbreitung von Informationen ist frei, soweit nicht Rechte Dritter dem entgegenstehen. Die transparenzpflichtigen Stellen sollen sich Nutzungsrechte bei der Beschaffung von Informationen einräumen lassen, soweit dies für eine freie Nutzung, Weiterverwendung und Verbreitung erforderlich ist. ~~Eine Haftung der~~

§ 10
Nutzung

(1) Der Zugang zur Transparenz-Plattform ist kostenlos und in anonymer Form zu ermöglichen. Er soll auch in Dienstgebäuden der Landesverwaltung gewährleistet werden.

(2) Die Nutzung, Weiterverwendung und Verbreitung von Informationen ist frei, soweit nicht Rechte Dritter dem entgegenstehen. Die transparenzpflichtigen Stellen sollen sich Nutzungsrechte bei der Beschaffung von Informationen einräumen lassen, soweit dies für eine freie Nutzung, Weiterverwendung und Verbreitung erforderlich ist *und angemessen ist*.

~~transparenzpflichtigen Stellen im Zusammenhang mit der Nutzung, Weiterverwendung und Verbreitung von Informationen ist ausgeschlossen.~~

(3) Schränkt eine transparenzpflichtige Stelle die Nutzung ein, soll sie dies vor der Veröffentlichung der Informationen gegenüber der oder dem Landesbeauftragten für die Informationsfreiheit (§ 19) anzeigen.

Abschnitt 3
Recht auf Informationszugang

§ 11
Antrag

(1) Der Zugang zu bei den transparenzpflichtigen Stellen vorhandenen Informationen wird auf Antrag gewährt. Der Antrag kann schriftlich, mündlich, zur Niederschrift oder elektronisch bei der transparenzpflichtigen Stelle, die über die begehrten Informationen verfügt, gestellt werden. In den Fällen des § 3 Abs. 2 Satz 2 ist der Antrag an die transparenzpflichtige Stelle zu richten, die sich der natürlichen oder juristischen Person des Privatrechts zur Erfüllung ihrer öffentlich-rechtlichen Aufgaben bedient; im Fall der Beleihung besteht der Anspruch gegenüber der oder dem Beliehenen.

(2) Der Antrag muss die Identität der Antragstellerin oder des Antragstellers und zudem erkennen lassen, zu welchen Informationen Zugang gewünscht wird. ~~Er ist zu begründen, wenn eine Abwägung mit entgegenstehenden Belangen nach §§ 14 bis 17 notwendig wird.~~ Ist der Antrag zu unbestimmt, so ist der Antragstellerin oder dem

(3) Schränkt eine transparenzpflichtige Stelle die Nutzung *von Informationen* ein, soll sie dies vor der Veröffentlichung der Informationen gegenüber der oder dem Landesbeauftragten für die Informationsfreiheit (§ 19) anzeigen.

Teil 3
Informationszugang auf Antrag

§ 11
Antrag

(1) Der Zugang zu den bei den transparenzpflichtigen Stellen vorhandenen Informationen wird auf Antrag gewährt. Der Antrag kann schriftlich, mündlich, zur Niederschrift oder elektronisch bei der transparenzpflichtigen Stelle, die über die begehrten Informationen verfügt, gestellt werden. In den Fällen des § 3 Abs. 2 Satz 2 ist der Antrag an die transparenzpflichtige Stelle zu richten, die sich der natürlichen oder juristischen Person des Privatrechts zur Erfüllung ihrer öffentlichen Aufgaben bedient; im Fall der Beleihung besteht der Anspruch gegenüber der oder dem Beliehenen. *Bei Umweltinformationen sind in den Fällen des § 3 Abs. 2 Satz 3 die dort genannten transparenzpflichtigen Stellen unmittelbar auskunftspflichtig.*

(2) Der Antrag muss die Identität der Antragstellerin oder des Antragstellers und zudem erkennen lassen, zu welchen Informationen Zugang gewünscht wird. Ist der Antrag zu unbestimmt, so ist dies der Antragstellerin oder dem

Antragsteller dies unverzüglich mitzuteilen und Gelegenheit zur Präzisierung des Antrags zu geben. Kommt die Antragstellerin oder der Antragsteller der Aufforderung zur Präzisierung nach, beginnt der Lauf der Frist zur Beantwortung von Anträgen nach § 12 Abs. 3 erneut.

(3) Wird der Antrag bei einer transparenzpflichtigen Stelle gestellt, die nicht über die Informationen verfügt, leitet sie den Antrag an die über die begehrten Informationen verfügende transparenzpflichtige Stelle weiter, wenn ihr diese bekannt ist, und unterrichtet die Antragstellerin oder den Antragsteller hierüber. Anstelle der Weiterleitung des Antrags kann sie die Antragstellerin oder den Antragsteller auch auf andere ihr bekannte transparenzpflichtige Stellen hinweisen, die über die Informationen verfügen.

§ 12
Verfahren

(1) Die transparenzpflichtige Stelle kann die Information durch Auskunftserteilung, Gewährung von Akteneinsicht oder in sonstiger Weise zugänglich machen. Kann die Information in zumutbarer Weise aus allgemein zugänglichen Quellen beschafft werden, kann sich die transparenzpflichtige Stelle auf deren Angabe beschränken. Wird eine bestimmte Art des Informationszugangs begehrt, darf nur dann eine andere Art bestimmt werden, wenn hierfür ein wichtiger Grund vorliegt; als wichtiger Grund gilt insbesondere ein deutlich höherer Verwaltungsaufwand. Die transparenzpflichtige Stelle ist nicht verpflichtet, die inhaltliche Richtigkeit der Information zu überprüfen.

Antragsteller unverzüglich mitzuteilen und Gelegenheit zur Präzisierung des Antrags zu geben. Kommt die Antragstellerin oder der Antragsteller der Aufforderung zur Präzisierung nach, beginnt der Lauf der Frist zur Beantwortung von Anträgen nach § 12 Abs. 3 erneut.

(3) Wird der Antrag bei einer transparenzpflichtigen Stelle gestellt, die nicht über die Informationen verfügt, leitet sie den Antrag an die über die begehrten Informationen verfügende transparenzpflichtige Stelle weiter, wenn ihr diese bekannt ist, und unterrichtet die Antragstellerin oder den Antragsteller hierüber. Anstelle der Weiterleitung des Antrags kann sie die Antragstellerin oder den Antragsteller auch auf andere ihr bekannte transparenzpflichtige Stellen hinweisen, die über die Informationen verfügen.

§ 12
Verfahren

(1) Die transparenzpflichtige Stelle kann die Information durch Auskunftserteilung, Gewährung von Akteneinsicht oder in sonstiger Weise zugänglich machen. Kann die Information in zumutbarer Weise aus allgemein zugänglichen Quellen, *insbesondere der Transparenz-Plattform,* beschafft werden, kann sich die transparenzpflichtige Stelle auf deren Angabe beschränken. Wird eine bestimmte Art des Informationszugangs begehrt, darf nur dann eine andere Art bestimmt werden, wenn hierfür ein wichtiger Grund vorliegt; als wichtiger Grund gilt insbesondere ein deutlich höherer Verwaltungsaufwand. Die transparenzpflichtige Stelle ist nicht verpflichtet, die inhaltliche Richtigkeit der Information zu überprüfen.

(2) Besteht ein Anspruch auf Informationszugang zum Teil, ist dem Antrag in dem Umfang stattzugeben, in dem der Informationszugang ohne Preisgabe der geheimhaltungsbedürftigen Informationen oder ohne unverhältnismäßigen Verwaltungsaufwand möglich ist. ~~Entsprechendes gilt, wenn sich die Antragstellerin oder der Antragsteller in den Fällen, in denen Belange Dritter berührt sind, mit einer Unkenntlichmachung der diesbezüglichen Informationen einverstanden erklärt.~~

(3) Die Information soll unverzüglich, spätestens jedoch innerhalb eines Monats nach Eingang des Antrags, zugänglich gemacht werden. Eine Verlängerung dieser Frist ist zulässig, *soweit eine Antragsbearbeitung innerhalb der in Satz 1 genannten Frist insbesondere wegen Umfang oder Komplexität der begehrten Information oder der Beteiligung Dritter nach § 13 Abs. 1 nicht möglich ist.* Satz 2 gilt für Umweltinformationen mit der Maßgabe, dass diese innerhalb von zwei Monaten nach Eingang des Antrags bei der transparenzpflichtigen Stelle zugänglich zu machen sind. Die Antragstellerin oder der Antragsteller ist über die Fristverlängerung und die Gründe hierfür schriftlich oder elektronisch zu informieren. Absatz 4 Satz 2 gilt entsprechend.

(2) Besteht ein Anspruch auf Informationszugang zum Teil, ist dem Antrag in dem Umfang stattzugeben, in dem der Informationszugang ohne Preisgabe der geheimhaltungsbedürftigen Informationen oder ohne unverhältnismäßigen Verwaltungsaufwand möglich ist.

(3) Die Information soll unverzüglich, spätestens jedoch innerhalb eines Monats nach Eingang des Antrags, zugänglich gemacht werden. Eine Verlängerung dieser Frist ist zulässig
1. *bei amtlichen Informationen, soweit eine Antragsbearbeitung innerhalb der in Satz 1 genannten Frist insbesondere wegen Umfang oder Komplexität der begehrten Information oder der Beteiligung Dritter nach § 13 Abs. 1 nicht möglich ist,*
2. *bei Umweltinformationen bis zum Ablauf von zwei Monaten nach Eingang des Antrags bei der transparenzpflichtigen Stelle, soweit eine Antragsbearbeitung innerhalb der in Satz 1 genannten Frist insbesondere wegen Umfang oder Komplexität der begehrten Information nicht möglich ist.*
Die Antragstellerin oder der Antragsteller ist über die Fristverlängerung und die Gründe hierfür spätestens bis zum Ablauf der in Satz 1 genannten Frist schriftlich oder elektronisch zu informieren. Absatz 4 Satz 2 gilt entsprechend.

(4) Die vollständige oder teilweise Ablehnung eines Antrags hat innerhalb der in Absatz 3 ~~Satz 1~~ genannten Frist zu erfolgen und ist schriftlich oder elektronisch zu begründen. Wurde der Antrag mündlich gestellt, ist eine schriftliche Begründung nur erforderlich, wenn die Antragstellerin oder der Antragsteller dies ausdrücklich verlangt.

(4) Die vollständige oder teilweise Ablehnung eines Antrags hat innerhalb der in Absatz 3 genannten Fristen zu erfolgen und ist schriftlich oder elektronisch zu begründen. Wurde der Antrag mündlich gestellt, ist eine schriftliche oder elektronische Begründung nur erforderlich, wenn die Antragstellerin oder der Antragsteller dies ausdrücklich verlangt. *Wird der Antrag ganz oder teilweise abgelehnt, ist der Antragstellerin oder dem Antragsteller auch mitzuteilen, ob die Information zu einem späteren Zeitpunkt ganz oder teilweise zugänglich gemacht werden kann. In den Fällen des § 14 Abs. 1 Satz 2 Nr. 11 ist darüber hinaus die Stelle, die das Material vorbereitet, sowie der voraussichtliche Zeitpunkt der Fertigstellung mitzuteilen. Die Antragstellerin oder der Antragsteller ist über die Rechtsschutzmöglichkeiten gegen die Entscheidung sowie darüber zu belehren, bei welcher Stelle und innerhalb welcher Frist um Rechtsschutz nachgesucht werden kann. Unabhängig davon ist auf die Möglichkeit, die Landesbeauftragte oder den Landesbeauftragten für die Informationsfreiheit (§ 19) anzurufen, hinzuweisen.*

(5) *Wird der Antrag ganz oder teilweise abgelehnt, ist der Antragstellerin oder dem Antragsteller auch mitzuteilen, ob die Information zu einem späteren Zeitpunkt ganz oder teilweise zugänglich gemacht werden kann. Die Antragstellerin oder der Antragsteller ist über die Rechtsschutzmöglichkeiten gegen die Entscheidung sowie darüber zu belehren, bei welcher Stelle und innerhalb welcher Frist um Rechtsschutz nachgesucht werden kann. Auf die Möglichkeit, die Landesbeauftragte oder den*

(5) <u>Wird bei Umweltinformationen eine andere als die beantragte Art des Informationszugangs im Sinne von Absatz 1 Satz 3 eröffnet, ist dies innerhalb der Frist nach Absatz 3 Satz 1 unter Angabe der Gründe mitzuteilen.</u>

Landesbeauftragten für die
Informationsfreiheit (§ 19) anzurufen,
ist hinzuweisen.

~~(6) Der Antrag kann abgelehnt werden, wenn er offensichtlich missbräuchlich gestellt wurde, insbesondere wenn die Information der Antragstellerin oder dem Antragsteller bereits zugänglich gemacht worden ist.~~

§ 13
Verfahren bei Beteiligung Dritter

(1) Die transparenzpflichtige Stelle gibt Dritten, deren Belange durch den Antrag auf Informationszugang berührt sind, schriftlich Gelegenheit zur Stellungnahme innerhalb eines Monats, sofern Anhaltspunkte dafür vorliegen, dass sie ein schutzwürdiges Interesse am Ausschluss des Informationszugangs haben können. Auf eine Veröffentlichungspflicht gemäß § 7 Abs. 1 Nr. 14 ist hinzuweisen.

(2) Ist die Gewährung des Informationszugangs von der Einwilligung einer oder eines Dritten abhängig, gilt diese als verweigert, wenn sie nicht innerhalb eines Monats nach Anfrage durch die transparenzpflichtige Stelle vorliegt.

(3) Die Entscheidung über den Antrag nach § 11 Abs. 1 ergeht schriftlich und ist auch der oder dem Dritten bekannt zu geben; § 12 Abs. 5 Satz 2 und 3 gelten entsprechend. Der Informationszugang darf erst erfolgen, wenn die Entscheidung der oder dem Dritten gegenüber bestandskräftig ist oder die sofortige Vollziehung angeordnet wurde und seit der Bekanntgabe der Anordnung an die Dritte oder den Dritten zwei Wochen verstrichen sind; ~~§ 22 gilt entsprechend.~~

§ 13
Verfahren bei Beteiligung Dritter

(1) Die transparenzpflichtige Stelle gibt Dritten, deren Belange durch den Antrag auf Informationszugang berührt sind, schriftlich Gelegenheit zur Stellungnahme innerhalb eines Monats, sofern Anhaltspunkte dafür vorliegen, dass sie ein schutzwürdiges Interesse am Ausschluss des Informationszugangs haben können. *Satz 1 gilt nicht in den Fällen des § 16 Abs. 1 Satz 2 und Abs. 4.* Auf eine Veröffentlichungspflicht gemäß § 7 Abs. 1 Nr. 14 ist hinzuweisen.

(2) Ist die Gewährung des Informationszugangs von der Einwilligung einer oder eines Dritten abhängig, gilt diese als verweigert, wenn sie nicht innerhalb eines Monats nach Anfrage durch die transparenzpflichtige Stelle vorliegt.

(3) Die Entscheidung über den Antrag nach § 11 Abs. 1 ergeht schriftlich und ist auch der oder dem Dritten bekannt zugeben; *§ 12 Abs. 4 Satz 5 und 6* gilt entsprechend. Der Informationszugang darf erst erfolgen, wenn die Entscheidung der oder dem Dritten gegenüber bestandskräftig ist oder die sofortige Vollziehung angeordnet wurde und seit der Bekanntgabe der Anordnung an die Dritte oder den Dritten zwei Wochen verstrichen sind.

Das Transparenzgesetz Rheinland-Pfalz

Abschnitt 4	Teil 4
Entgegenstehende Belange	Entgegenstehende Belange
§ 14	§ 14
Entgegenstehende öffentliche Belange	Entgegenstehende öffentliche Belange

(1) Der Antrag auf Informationszugang ist abzulehnen und die Veröffentlichung auf der Transparenz-Plattform hat zu unterbleiben, soweit und solange der Kernbereich exekutiver Eigenverantwortung betroffen ist. Der Antrag auf Informationszugang soll abgelehnt werden und die Veröffentlichung auf der Transparenz-Plattform soll unterbleiben, soweit und solange
1. das Bekanntwerden der Information nachteilige Auswirkungen auf die inter- und supranationalen Beziehungen, die Beziehungen zum Bund oder zu einem Land, die Landesverteidigung oder die innere Sicherheit hätte,
2. die Bekanntgabe der Information nachteilige Auswirkungen auf den Erfolg eines strafrechtlichen Ermittlungs- oder Strafvollstreckungsverfahrens oder den Verfahrensablauf eines anhängigen Gerichts-, Ordnungswidrigkeiten- oder Disziplinarverfahrens hätte,
3. das Bekanntwerden der Information die öffentliche Sicherheit, insbesondere die Tätigkeit der Polizei, der sonstigen für die Gefahrenabwehr zuständigen Stellen, der Staatsanwaltschaften oder der Behörden des Straf- und Maßregelvollzugs einschließlich ihrer Aufsichtsbehörden, beeinträchtigen würde,
4. das Bekanntwerden der Information die Aufgabenerfüllung des Verfassungsschutzes betrifft,

(1) Der Antrag auf Informationszugang ist abzulehnen und die Veröffentlichung auf der Transparenz-Plattform hat zu unterbleiben, soweit und solange der Kernbereich exekutiver Eigenverantwortung betroffen ist. Der Antrag auf Informationszugang soll abgelehnt werden und die Veröffentlichung auf der Transparenz-Plattform soll unterbleiben, soweit und solange
1. das Bekanntwerden der Information nachteilige Auswirkungen auf die inter- und supranationalen Beziehungen, die Beziehungen zum Bund oder zu einem Land, die Landesverteidigung oder die innere Sicherheit hätte,
2. die Bekanntgabe der Information nachteilige Auswirkungen auf den Erfolg eines strafrechtlichen Ermittlungs- oder Strafvollstreckungsverfahrens oder den Verfahrensablauf eines anhängigen Gerichts-, Ordnungswidrigkeiten- oder Disziplinarverfahrens hätte,
3. das Bekanntwerden der Information die öffentliche Sicherheit, insbesondere die Tätigkeit der Polizei, der sonstigen für die Gefahrenabwehr zuständigen Stellen, der Staatsanwaltschaften oder der Behörden des Straf- und Maßregelvollzugs einschließlich ihrer Aufsichtsbehörden, beeinträchtigen würde,
4. das Bekanntwerden der Information die Aufgabenerfüllung des Verfassungsschutzes betrifft,

5. die Information einer durch Rechtsvorschrift oder durch die Anweisung zum materiellen und organisatorischen Schutz von Verschlusssachen (VS-Anweisung/VSA) Rheinland-Pfalz geregelten Geheimhaltungs- oder Vertraulichkeitspflicht oder einem Berufs- oder besonderen Amtsgeheimnis unterliegt,
6. das Bekanntwerden der Information nachteilige Auswirkungen auf die Tätigkeit der Vergabe- und Regulierungskammern sowie auf die Kontroll- und Aufsichtsaufgaben der Finanz-, Wettbewerbs- und Sparkassenaufsichtsbehörden haben könnte,
7. das Bekanntwerden der Information der IT-Sicherheit, der IT-Infrastruktur oder den wirtschaftlichen Interessen des Landes, oder der der Aufsicht des Landes unterstehenden juristischen Personen des öffentlichen Rechts nach § 3 Abs. 1 oder der natürlichen oder juristischen Personen des Privatrechts nach § 3 Abs. 2 Satz 2 schaden könnte,
8. bei vertraulich erhobener oder übermittelter Information das Interesse der oder des Dritten an einer vertraulichen Behandlung zum Zeitpunkt des Antrags auf Informationszugang noch fortbesteht,
9. durch die Bekanntgabe von Informationen ein Verfahren zur Leistungsbeurteilung und Prüfung beeinträchtigt würde,
10. die Bekanntgabe der Informationen nachteilige Auswirkungen auf den Zustand der Umwelt und ihrer Bestandteile im Sinne des § 5 Abs. 3 Nr. 1 und 6 hätte.

5. die Information einer durch Rechtsvorschrift oder durch die Anweisung zum materiellen und organisatorischen Schutz von Verschlusssachen (VS-Anweisung/VSA) Rheinland-Pfalz geregelten Geheimhaltungs- oder Vertraulichkeitspflicht oder einem Berufs- oder besonderen Amtsgeheimnis unterliegt,
6. das Bekanntwerden der Information nachteilige Auswirkungen auf die Tätigkeit der Vergabe- und Regulierungskammern sowie auf die Kontroll- und Aufsichtsaufgaben der Finanz-, Wettbewerbs- und Sparkassenaufsichtsbehörden haben könnte,
7. das Bekanntwerden der Information der IT-Sicherheit, der IT-Infrastruktur oder den wirtschaftlichen Interessen des Landes oder der der Aufsicht des Landes unterstehenden juristischen Personen des öffentlichen Rechts nach § 3 Abs. 1 oder der natürlichen oder juristischen Personen des Privatrechts nach § 3 Abs. 2 Satz 2 schaden könnte,
8. bei vertraulich erhobener oder übermittelter Information das Interesse der oder des Dritten an einer vertraulichen Behandlung zum Zeitpunkt des Antrags auf Informationszugang noch fortbesteht,
9. durch die Bekanntgabe von Informationen ein Verfahren zur Leistungsbeurteilung und Prüfung beeinträchtigt würde,
10. die Bekanntgabe der Informationen nachteilige Auswirkungen auf den Zustand der Umwelt und ihrer Bestandteile im Sinne des § 5 Abs. 3 Nr. 1 und 6 hätte,

	11. der Antrag sich auf die Zugänglichmachung von Material, das gerade vervollständigt wird, noch nicht abgeschlossene Schriftstücke oder noch nicht aufbereitete Daten bezieht, *12. der Antrag offensichtlich missbräuchlich gestellt wurde.*
(2) Der Zugang zu Umweltinformationen kann nicht unter Berufung auf die in Absatz 1 Satz 1, Satz 2 Nr. 1 (Beziehungen zum Bund oder einem Land), 3, 6 und 7 genannten Gründe abgelehnt werden. Im Übrigen kann der Zugang zu Umweltinformationen über Emissionen nicht unter Berufung auf nachteilige Auswirkungen	(2) Der Zugang zu Umweltinformationen kann nicht unter Berufung auf die in Absatz 1 Satz 1 *oder* Satz 2 Nr. 1, *soweit die Veröffentlichung nachteilige Auswirkungen auf die Beziehungen zum Bund oder zu einem Land hätte, oder* Nr. 3, Nr. 6 oder Nr. 7 genannten Gründe abgelehnt werden. Im Übrigen kann der Zugang zu Umweltinformationen über Emissionen nicht unter Berufung auf nachteilige
§ 15 **Belange des behördlichen Entscheidungsprozesses**	**§ 15** **Belange des behördlichen Entscheidungsprozesses**
(1) Der Antrag auf Informationszugang soll abgelehnt werden und die Veröffentlichung auf der Transparenz-Plattform soll unterbleiben, wenn 1. es sich um interne Mitteilungen, Entwürfe zu Entscheidungen sowie Arbeiten und Beschlüsse zu ihrer unmittelbaren Vorbereitung und entsprechende Sitzungsprotokolle handelt, soweit und solange durch die vorzeitige Bekanntgabe der Information der Erfolg der Entscheidung oder bevorstehender behördlicher Maßnahmen vereitelt würde, es sei denn, das öffentliche Interesse an derBekanntgabe überwiegt; vereitelt würde der Erfolg einer Maßnahme, wenn sie nicht, anders oder wesentlich später zustande käme;	(1) Der Antrag auf Informationszugang soll abgelehnt werden und die Veröffentlichung auf der Transparenz-Plattform soll unterbleiben, wenn 1. es sich um interne Mitteilungen, Entwürfe zu Entscheidungen sowie Arbeiten und Beschlüsse zu ihrer unmittelbaren Vorbereitung und entsprechende Sitzungsprotokolle handelt, soweit und solange durch die vorzeitige Bekanntgabe der Information der Erfolg der Entscheidung oder bevorstehender behördlicher Maßnahmen vereitelt würde, es sei denn, das öffentliche Interesse an der Bekanntgabe überwiegt; vereitelt würde der Erfolg einer Maßnahme, wenn sie nicht, anders oder wesentlich später zustande käme;

2. die Veröffentlichung nachteilige Auswirkungen auf die Vertraulichkeit der Beratungen von transparenzpflichtigen Stellen im Sinne des § 3 Abs. 1 hätte. ~~Nicht der unmittelbaren Entscheidungsvorbereitung nach Satz 1 dienen regelmäßig Ergebnisse der Beweiserhebung und Gutachten oder Stellungnahmen Dritter.~~

(2) Im Übrigen kann der Zugang zu Umweltinformationen über Emissionen nicht unter Berufung auf die Vertraulichkeit der Beratungen von transparenzpflichtigen Stellen abgelehnt werden.

§ 16
Entgegenstehende andere Belange

(1) Der Antrag auf Informationszugang ist abzulehnen und die Veröffentlichung auf der Transparenz-Plattform hat zu unterbleiben,

1. *soweit* Rechte am geistigen Eigentum oder an Betriebs- oder Geschäftsgeheimnissen verletzt würden,

2. *soweit* durch das Bekanntwerden der Information personenbezogene Daten Dritter offenbart würden,

3. *soweit* Informationen dem Statistikgeheimnis unterliegen,

es sei denn, die Betroffenen haben eingewilligt, die Offenbarung ist durch Rechtsvorschrift erlaubt oder das öffentliche Interesse an der Bekanntgabe überwiegt.

2. die Veröffentlichung nachteilige Auswirkungen auf die Vertraulichkeit der Beratungen von transparenzpflichtigen Stellen im Sinne des § 3 Abs. 1 *und Abs. 2* hätte.

(2) *Der Zugang zu Umweltinformationen über Emissionen* kann nicht unter Berufung auf die Vertraulichkeit der Beratungen von transparenzpflichtigen Stellen abgelehnt werden.

§ 16
Entgegenstehende andere Belange

(1) Der Antrag auf Informationszugang ist abzulehnen und die Veröffentlichung auf der Transparenz-Plattform hat zu unterbleiben, *soweit*

1. Rechte am geistigen Eigentum oder an Betriebs- oder Geschäftsgeheimnissen verletzt würden,

2. durch das Bekanntwerden der Information personenbezogene Daten Dritter offenbart würden,

3. Informationen dem Statistikgeheimnis unterliegen,

es sei denn, die Betroffenen haben eingewilligt, die Offenbarung ist durch Rechtsvorschrift erlaubt oder das öffentliche Interesse an der Bekanntgabe überwiegt. *Satz 1 Nr. 2 gilt nicht, wenn die transparenzpflichtige Stelle durch Unkenntlichmachung oder auf andere Weise den Schutz der personenbezogenen Daten wahrt.*

Das Transparenzgesetz Rheinland-Pfalz 125

(2) Vor der Entscheidung über die Offenbarung der durch Absatz 1 Nr. 1 bis 3 geschützten Informationen sind die Betroffenen anzuhören. Die transparenzpflichtige Stelle hat in der Regel von einer Betroffenheit nach Absatz 1 Nr. 1 auszugehen, soweit übermittelte Informationen als geistiges Eigentum, Betriebs- oder Geschäftsgeheimnisse gekennzeichnet sind. Soweit die transparenzpflichtige Stelle es verlangt, haben mögliche Betroffene im Einzelnen darzulegen, dass eine Verletzung geistigen Eigentums oder ein Betriebs- oder Geschäftsgeheimnis vorliegt.

(3) Die Freiheit von Wissenschaft, Forschung und Lehre ist zu gewährleisten; das Recht auf Informationszugang und die Transparenzpflichten im Bereich von Wissenschaft, Forschung und Lehre beziehen sich ausschließlich auf Informationen über den Namen von Drittmittelgebern, die Höhe der Drittmittel und die Laufzeit der mit Drittmitteln finanzierten abgeschlossenen Forschungsvorhaben, wobei die Schutzinteressen gemäß den §§ 14 bis 16 zu beachten sind.

(4) Das Bekanntwerden personenbezogener Daten Dritter nach Absatz 1 Nr. 2 schließt den Informationszugang nicht aus, wenn die oder der Dritte als Gutachterin oder Gutachter, als Sachverständige oder Sachverständiger oder in vergleichbarer Weise in einem Verfahren tätig war, sich die Angabe auf Name, Titel, akademischen Grad, Berufs- und Funktionsbezeichnung, Büroanschrift und Bürotelekommunikationsnummer beschränkt und der Übermittlung nicht im Einzelfall besondere Gründe

(2) Vor der Entscheidung über die Offenbarung der durch Absatz 1 *Satz 1* Nr. 1 bis 3 geschützten Informationen *ist den Betroffenen Gelegenheit zur Stellungnahme zu geben*. Die transparenzpflichtige Stelle hat in der Regel von einer Betroffenheit nach Absatz 1 *Satz 1* Nr. 1 auszugehen, soweit übermittelte Informationen als geistiges Eigentum, Betriebs- oder Geschäftsgeheimnisse gekennzeichnet sind. Soweit die transparenzpflichtige Stelle es verlangt, haben mögliche Betroffene im Einzelnen darzulegen, dass eine Verletzung geistigen Eigentums oder ein Betriebs- oder Geschäftsgeheimnis vorliegt.

(3) Die Freiheit von Wissenschaft, Forschung und Lehre ist zu gewährleisten; *der Anspruch* auf Informationszugang und die Transparenzpflichten im Bereich von Wissenschaft, Forschung und Lehre beziehen sich ausschließlich auf Informationen über den Namen von Drittmittelgebern, die Höhe der Drittmittel und die Laufzeit der mit Drittmitteln finanzierten abgeschlossenen Forschungsvorhaben, wobei die Schutzinteressen gemäß den §§ 14 bis 16 zu beachten sind.

(4) *Abweichend von Absatz 1 Satz 1 Nr. 2 und Absatz 2 Satz 1 dürfen in den Fällen des § 7 Abs. 1 Nr. 1 bis 13 personenbezogene Daten Dritter offenbart werden, wenn sich die Angabe auf Name, Titel, akademischen Grad, Berufs- und Funktionsbezeichnung, betriebsbezogene Anschriften und Telekommunikationsdaten beschränkt und der Übermittlung nicht im Einzelfall besondere Gründe entgegenstehen*. Das Gleiche gilt für personenbezogene Daten von Beschäftigten der Behörde, die in

entgegenstehen. Das Gleiche gilt für personenbezogene Daten von Beschäftigten der Behörde, die in amtlicher Funktion an dem jeweiligen Vorgang mitgewirkt haben.

(5) Umweltinformationen, die private Dritte einer transparenzpflichtigen Stelle übermittelt haben, ohne rechtlich dazu verpflichtet zu sein oder rechtlichverpflichtet werden zu können, und deren Offenbarung nachteilige Auswirkungen auf die Interessen der Dritten hätte, dürfen ohne deren Einwilligung anderen nicht zugänglich gemacht werden, es sei denn, das öffentliche Interesse an der Bekanntgabe überwiegt.

(6) Der Zugang zu Umweltinformationen über Emissionen kann nicht unter Berufung auf nachteilige Auswirkungen für die in Absatz 1 genannten Gründen abgelehnt werden.

(7) § 13 Abs. 2 gilt entsprechend.

amtlicher Funktion an dem jeweiligen Vorgang mitgewirkt haben.

(5) Umweltinformationen, die private Dritte einer transparenzpflichtigen Stelle übermittelt haben, ohne rechtlich dazu verpflichtet zu sein oder rechtlichverpflichtet werden zu können, und deren Offenbarung nachteilige Auswirkungen auf die Interessen der Dritten hätte, dürfen ohne deren Einwilligung anderen nicht zugänglich gemacht werden, es sei denn, das öffentliche Interesse an der Bekanntgabe überwiegt.

(6) Der Zugang zu Umweltinformationen über Emissionen kann nicht unter Berufung auf nachteilige Auswirkungen aus den in Absatz 1 *Satz 1* genannten Gründen abgelehnt werden.

(7) § 13 Abs. 2 gilt entsprechend.

§ 17
Abwägung

Das Recht auf Informationszugang und das Informationsinteresse der Öffentlichkeit sind mit entgegenstehenden Belangen nach den §§ 14 Abs. 1 Satz 2 bis 16 abzuwägen. Das Informationsinteresse der Öffentlichkeit ergibt sich aus dem öffentlichen Interesse an der Bekanntgabe der Informationen und den in § 1 genannten Zwecken dieses Gesetzes. ~~Überwiegt das Recht auf Informationszugang oder das Informationsinteresse der Öffentlichkeit, sind die Informationen zugänglich zu machen.~~

§ 17
Abwägung

Im Rahmen der nach § 14 Abs. 1 Satz 2 und Abs. 2 sowie nach den §§ 15 und 16 vorzunehmenden Abwägung sind das Informationsinteresse der Öffentlichkeit und der Anspruch auf Informationszugang nach Maßgabe der in § 1 genannten Zwecke zu berücksichtigen.

Abschnitt 5 Gewährleistung von Transparenz und Offenheit	Teil 5 Gewährleistung von Transparenz und Offenheit
§ 18 Förderung durch die Landesregierung	§ 18 Förderung durch die Landesregierung
Die Landesregierung wirkt darauf hin, dass die Verwaltung ihre Transparenzpflicht in einer dem Zweck dieses Gesetzes Rechnung tragenden Weise erfüllt.	Die Landesregierung wirkt darauf hin, dass die *transparenzpflichtigen Stellen* die Transparenzpflicht in einer dem Gesetzeszweck Rechnung tragenden Weise erfüllen.
§ 19 Landesbeauftragte oder Landesbeauftragter für die Informationsfreiheit	§ 19 Landesbeauftragte oder Landesbeauftragter für die Informationsfreiheit
(1) Aufgabe der oder des Landesbeauftragten für die Informationsfreiheit ist es, für die Einhaltung dieses Gesetzes Sorge zu tragen. *Jede natürliche sowie jede juristische Person des Privatrechts und jede nicht rechtsfähige Vereinigung von Bürgerinnen und Bürgern kann die Landesbeauftragte oder den Landesbeauftragten für die Informationsfreiheit anrufen, wenn sie ihr Recht nach diesem Gesetz als verletzt ansieht.*	(1) Aufgabe der oder des Landesbeauftragten für die Informationsfreiheit ist es, für die Einhaltung *der Bestimmungen dieses Gesetzes* Sorge zu tragen. *Diese Aufgabe wird von der oder dem Landesbeauftragten für den Datenschutz wahrgenommen. Ihre oder seine Amtsbezeichnung lautet Landesbeauftragte oder Landesbeauftragter für den Datenschutz und die Informationsfreiheit. § 24 Abs. 1 Satz 1 und Abs. 2 bis 8 sowie die §§ 25, 28 und 29 Abs. 2 des Landesdatenschutzgesetzes finden entsprechende Anwendung.*
(2) Die Aufgabe der oder des Landesbeauftragten für die Informationsfreiheit wird von der oder dem Landesbeauftragten für den Datenschutz wahrgenommen. Ihre oder seine Amtsbezeichnung lautet Landesbeauftragte oder Landesbeauftragter für den Datenschutz und die Informationsfreiheit.	(2) *Jede natürliche sowie jede juristische Person des Privatrechts, jede nicht rechtsfähige Vereinigung von Bürgerinnen und Bürgern und jede juristische Person des öffentlichen Rechts, soweit sie Grundrechtsträger ist, kann die Landesbeauftragte oder den Landesbeauftragten für den Datenschutz und die Informationsfreiheit anrufen,*

(3) § 24 Abs. 1 Satz 1 und Abs. 2 bis 8 sowie die §§ 25, 28 und 29 Abs. 2 des Landesdatenschutzgesetzes finden entsprechende Anwendung.	wenn sie ihr Recht auf Informationszugang nach diesem Gesetz <u>oder durch einen Informationszugang ihre Rechte</u> als verletzt ansieht. *(3) Bei der oder dem Landesbeauftragten für den Datenschutz und die Informationsfreiheit wird ein Beirat aus Vertreterinnen und Vertretern verschiedener gesellschaftlicher Gruppen, <u>der Wissenschaft</u>, des Landtags und der Landesregierung eingerichtet; er unterstützt die Landesbeauftragte oder den Landesbeauftragten für den Datenschutz und die Informationsfreiheit bei der Wahrnehmung ihrer oder seiner Aufgaben nach diesem Gesetz. <u>Über Aufgabenwahrnehmung, Verfahren und</u> Zusammensetzung des Beirats entscheiden Landtag, Landesregierung und <u>die oder der Landesbeauftragte</u> für den Datenschutz und die Informationsfreiheit <u>auf deren oder dessen Vorschlag</u> im Einvernehmen.*
(4) Bei der oder dem Landesbeauftragten für den Datenschutz und die Informationsfreiheit wird ein Beirat aus Vertretern verschiedener gesellschaftlicher Gruppen, des Landtags und der Landesregierung eingerichtet; er unterstützt die Landesbeauftragte oder den Landesbeauftragten für den Datenschutz und die Informationsfreiheit bei der Wahrnehmung ihrer oder seiner Aufgaben nach diesem Gesetz. Über die Zusammensetzung des Beirats entscheiden Landtag, Landesregierung und der Landesbeauftragte für den Datenschutz und die Informationsfreiheit im Einvernehmen.	

§ 20
Überwachung

(1) Die zuständige Stelle der öffentlichen Verwaltung, die für das Land, eine unter der Aufsicht des Landes stehende juristische Person des öffentlichen Rechts sowie die Gemeinden und Gemeindeverbände die Kontrolle nach § 5 Abs. 4 ausübt, überwacht die Einhaltung dieses Gesetzes durch private transparenzpflichtige Stellen im Sinne des § 3 Abs. 2 Satz 2.

(2) Die transparenzpflichtigen Stellen nach § 3 Abs. 2 Satz 2 haben der zuständigen Stelle auf Verlangen alle Informationen herauszugeben, die diese zur Wahrnehmung ihrer Aufgaben nach Absatz 1 benötigt.

(3) Die nach Absatz 1 zuständige Stelle kann gegenüber den transparenzpflichtigen Stellen nach § 3 Abs. 2 Satz 2 die zur Einhaltung und Durchführung dieses Gesetzes erforderlichen Maßnahmen ergreifen oder Anordnungen treffen.

§ 21
Ordnungswidrigkeiten

(1) Ordnungswidrig handelt, wer vorsätzlich oder fahrlässig einer vollziehbaren Anordnung nach § 20 Abs. 3 zuwiderhandelt.

(2) Die Ordnungswidrigkeit nach Absatz 1 kann mit einer Geldbuße bis zu zehntausend Euro geahndet werden.

§ 20
Überwachung

(1) Die zuständige Stelle der öffentlichen Verwaltung, die für das Land, eine unter der Aufsicht des Landes stehende juristischen Person des öffentlichen Rechts sowie die Gemeinden und Gemeindeverbände die Kontrolle nach *§ 3 Abs. 3* ausübt, überwacht die Einhaltung dieses Gesetzes durch private transparenzpflichtige Stellen im Sinne des § 3 Abs. 2 *Satz 3 Nr. 2*. *Wird die Kontrolle durch mehrere transparenzpflichtige Stellen ausgeübt, sollen diese einvernehmlich eine Entscheidung darüber treffen, welche von ihnen diese Aufgaben wahrnehmen soll.*

(2) Die transparenzpflichtigen Stellen nach *§ 3 Abs. 2 Satz 3 Nr. 2* haben der zuständigen Stelle auf Verlangen alle Informationen herauszugeben, die diese zur Wahrnehmung ihrer Aufgaben nach Absatz 1 benötigt.

(3) Die nach Absatz 1 zuständige Stelle kann gegenüber den transparenzpflichtigen Stellen nach *§ 3 Abs. 2 Satz 3 Nr. 2* die zur Einhaltung und Durchführung dieses Gesetzes erforderlichen Maßnahmen ergreifen oder Anordnungen treffen.

§ 21
Ordnungswidrigkeiten

(1) Ordnungswidrig handelt, wer vorsätzlich oder fahrlässig einer vollziehbaren Anordnung nach § 20 Abs. 3 zuwiderhandelt.

(2) Die Ordnungswidrigkeit nach Absatz 1 kann mit einer Geldbuße bis zu zehntausend Euro geahndet werden.

§ 22	§ 22
Rechtsweg	Rechtsweg

| Für Streitigkeiten nach diesem Gesetz ist der Verwaltungsrechtsweg gegeben. Gegen die Entscheidung sind Widerspruch und Klage zulässig. Ein Widerspruchsverfahren nach den Bestimmungen des 8. Abschnitts der Verwaltungsgerichtsordnung ist auch dann durchzuführen, wenn die Entscheidung von einer obersten Landesbehörde getroffen wurde. | Für Streitigkeiten nach diesem Gesetz ist der Verwaltungsrechtsweg gegeben. Gegen die Entscheidung sind Widerspruch und Klage zulässig. Ein Widerspruchsverfahren nach den Bestimmungen des 8. Abschnitts der Verwaltungsgerichtsordnung ist auch dann durchzuführen, wenn die Entscheidung von einer obersten Landesbehörde getroffen wurde. |

§ 23	§ 23
Evaluierung und Bericht	Evaluierung und Bericht

| Die Landesregierung überprüft die Auswirkungen dieses Gesetzes und berichtet drei Jahre nach Inkrafttreten des Gesetzes dem Landtag. Die oder der Landesbeauftragte für den Datenschutz und die Informationsfreiheit ist vor der Zuleitung des Berichts an den Landtag zu unterrichten; er oder sie gibt dazu eine Stellungnahme ab. | Die Landesregierung überprüft die Auswirkungen dieses Gesetzes _mit wissenschaftlicher Unterstützung_ und berichtet _vier Jahre_ nach seinem Inkrafttreten dem Landtag. Die oder der Landesbeauftragte für den Datenschutz und die Informationsfreiheit ist vor der Zuleitung des Berichts an den Landtag zu unterrichten; sie oder er gibt dazu eine Stellungnahme ab. |

Abschnitt 6	Teil 6
Schlussbestimmungen	_Übergangs- und Schlussbestimmungen_

§ 24	§ 24
Kosten	Kosten

| (1) Für Amtshandlungen nach diesem Gesetz werden Kosten (Gebühren und Auslagen) erhoben. Dies gilt nicht für die Erteilung mündlicher und einfacher schriftlicher Auskünfte und die entsprechende Einsichtnahme in amtliche Informationen vor Ort. Eine Gebührenpflicht entfällt auch, soweit ein Antrag auf Informationszugang abgelehnt wird. Die Gebühren sind | (1) Für Amtshandlungen nach diesem Gesetz werden Kosten (Gebühren und Auslagen) erhoben. Dies gilt nicht für die Erteilung mündlicher und einfacher schriftlicher Auskünfte und die entsprechende Einsichtnahme in amtliche Informationen _und Umweltinformationen_ vor Ort _sowie Maßnahmen und Vorkehrungen nach § 9 Abs. 1_. Eine Gebührenpflicht |

so zu bemessen, dass das Recht auf Informationszugang wirksam in Anspruch genommen werden kann.

(2) Private transparenzpflichtige Stellen nach § 3 Abs. 2 Satz 2 können für die Übermittlung von Informationen nach diesem Gesetz von der antragstellenden Person Kostenerstattung entsprechend den Grundsätzen nach Absatz 1 verlangen.

(3) Die §§ 9 und 15 Abs. 2 des Landesgebührengesetzes vom 3. Dezember 1974 (GVBl. S. 578, BS 2013-1) in der jeweils geltenden Fassung finden auf die Übermittlung von Umweltinformationen aufgrund dieses Gesetzes keine Anwendung.

§ 25
Übergangsbestimmung

(1) Die Veröffentlichungspflicht gilt für Informationen, die ab Inkrafttreten dieses Gesetzes vorliegen. Informationen, die bei Inkrafttreten dieses Gesetzes in veröffentlichungsfähiger elektronischer Form vorliegen, sollen soweit möglich auf der Transparenz- Plattform bereitgestellt werden.

(2) Die Landesregierung stellt die vollständige Funktionsfähigkeit der Transparenz-Plattform innerhalb von zwei Jahren nach Inkrafttreten dieses Gesetzes sicher. Sie unterrichtet den Landtag nach Inkrafttreten dieses Gesetzes halbjährlich über den Fortschritt bei der Umsetzung im Sinne von Satz 1.

entfällt auch, soweit ein Antrag auf Informationszugang abgelehnt wird. Die Gebühren sind so zu bemessen, dass der Anspruch auf Informationszugang wirksam geltend gemacht werden kann.

(2) Private transparenzpflichtige Stellen nach *§ 3 Abs. 2 Satz 3* können für die Übermittlung von Informationen nach diesem Gesetz von der antragstellenden Person Kostenerstattung entsprechend den Grundsätzen nach Absatz 1 verlangen.

(3) Die §§ 9 und 15 Abs. 2 des Landesgebührengesetzes vom 3. Dezember 1974 (GVBl. S. 578), BS 2013-1, in der jeweils geltenden Fassung finden auf die Übermittlung von Umweltinformationen *nach Maßgabe* dieses Gesetzes keine Anwendung.

§ 25
Ermächtigung zum Erlass von Rechts- und Verwaltungsvorschriften

(1) Zur Regelung der Überwachungsaufgaben wird die Landesregierung ermächtigt, im Einvernehmen mit den Ministerien, deren Geschäftsbereich berührt wird, Aufgaben nach § 20 Abs. 1 bis 3 abweichend von § 20 Abs. 1 auf andere Stellen der öffentlichen Verwaltung durch Rechtsverordnung zu übertragen.

(2) Das für das Informationsfreiheitsrecht zuständige Ministerium erlässt unter Einbeziehung des Landesbeauftragten für den Datenschutz und die Informationsfreiheit und im Benehmen mit den Ministerien, deren Geschäftsbereich berührt wird, Auslegungs- und Anwendungshinweise als Verwaltungsvorschriften für die transparenzpflichtigen Stellen.

(3) Anträge auf Zugang zu
Informationen, die vor dem
Inkrafttreten dieses Gesetzes
gestellt worden sind, sind nach
den Bestimmungen dieses Gesetzes
abzuschließen.
(4) Bis zum Inkrafttreten eines
Besonderen Gebührenverzeichnisses
nach § 26 Abs. 1 Satz 2 Nr. 1. richtet
sich die Erhebung von Kosten nach
dem Allgemeinen Gebührenverzeichnis
(GVBl. 2007, 277, BS 2013-1-1) in der
jeweils geltenden Fassung.

§ 26
*Ermächtigung zum Erlass von Rechts-
und Verwaltungsvorschriften*

(1) Das für die Umsetzung dieses
Gesetzes fachlich zuständige
Ministerium erlässt im Einvernehmen
mit den Ministerien, deren
Geschäftsbereich berührt wird,
die zur Durchführung dieses
Gesetzes erforderlichen Rechts- und
Verwaltungsvorschriften. Dies gilt
insbesondere für Rechtsverordnungen
1. zur Regelung eines Besonderen
   Gebührenverzeichnisses
   zur Bestimmung der
   Gebührentatbestände und der
   Gebührensätze,
2. zur Umsetzung der Barrierefreiheit
   im Sinne des § 9 Abs. 4,
3. zur Regelung der Reichweite der
   Veröffentlichung von Unterlagen
   der Vertragsgestaltung und für
   Verfahrensabläufe zur Erfüllung der
   Veröffentlichungspflicht gemäß den
   §§ 6 Abs. 1 und 7 Abs. 1,
4. zur Einrichtung und zum Betrieb der
   Transparenz-Plattform,
5. zur Regelung der
   Überwachungsaufgaben; abweichend
   von § 20 Abs. 1 können Aufgaben

§ 26
Übergangsbestimmungen

(1) *Die Veröffentlichungspflicht <u>der
transparenzpflichtigen Stellen</u> gilt
<u>nach Maßgabe von Absatz 2</u> für
Informationen, die ab Inkrafttreten
dieses Gesetzes erstmalig vorliegen.
Informationen, die bereits bei
Inkrafttreten dieses Gesetzes in
veröffentlichungsfähiger elektronischer
Form vorliegen, sollen soweit möglich
auf der Transparenz-Plattform
bereitgestellt werden.*

Das Transparenzgesetz Rheinland-Pfalz 133

nach den § 20 Abs. 1 bis 3 auf andere Stellen der öffentlichen Verwaltung durch Rechtsverordnung übertragen werden.

(2) Das für die Umsetzung dieses Gesetzes zuständige Ministerium erlässt im Einvernehmen mit dem für das Landesgebührenrecht zuständigen Ministerium das Besondere Gebührenverzeichnis nach Absatz 1 Satz 2 Nr. 1. Die Höhe der Gebühren für Amtshandlungen von transparenzpflichtigen Stellen bemisst sich nach diesem Gebührenverzeichnis. Es regelt, dass Auslagen zu erstatten sind; sie dürfen die tatsächlichen Kosten nicht überschreiten.

(2) Die Landesregierung stellt die vollständige Funktionsfähigkeit der Transparenz-Plattform für die obersten Landesbehörden innerhalb von zwei Jahren nach Inkrafttreten dieses Gesetzes, bezüglich der Veröffentlichungspflichten gemäß § 7 Abs. 1 Nr. 4, 8 und 11 und Abs. 2 Satz 1 Nr. 4, 5 und 6 innerhalb von drei Jahren nach Inkrafttreten dieses Gesetzes sicher. Für die oberen und unteren Landesbehörden sowie für die übrigen transparenzpflichtigen Stellen soll die vollständige Funktionsfähigkeit innerhalb von fünf Jahren nach Inkrafttreten dieses Gesetzes gewährleistet werden. Die Landesregierung unterrichtet den Landtag nach Inkrafttreten dieses Gesetzes jährlich über den Fortschritt der Umsetzung der Bestimmungen des Satzes 1.

(3) Über Anträge auf Zugang zu Informationen, die vor Inkrafttreten dieses Gesetzes nach den Bestimmungen des Landesinformationsfreiheitsgesetzes vom 26. November 2008 (GVBl. S. 296), geändert durch Artikel 1 des Gesetzes vom 20. Dezember 2011 (GVBl. S. 427), BS 2010-10, oder des Landesumweltinformationsgesetzes vom 19. Oktober 2005 (GVBl. S. 484, BS 2129-7), gestellt worden sind, ist nach den Bestimmungen dieses Gesetzes zu entscheiden.

(4) Bis zum Inkrafttreten eines Besonderen Gebührenverzeichnisses zur Bemessung und Erhebung der erstattungsfähigen Kosten (§ 24) richtet sich die Bemessung und Erhebung der

erstattungsfähigen Kosten nach dem Allgemeinen Gebührenverzeichnis vom 8. November 2007 (GVBl. S. 277, BS 2013-1-1) in der jeweils geltenden Fassung.

(5) Für die Veröffentlichung von Umweltinformationen ist § 10 des Landesumweltinformationsgesetzes vom 19. Oktober 2005 (GVBl. S. 484, BS 2129-7) bis zur vollständigen Funktionsfähigkeit der Transparenz-Plattform weiter anzuwenden.

§ 27
Änderung des Landesarchivgesetzes

Das Landesarchivgesetz vom 5. Oktober 1990 (GVBl. S. 277), zuletzt geändert durch Artikel 1 des Gesetzes vom 28. September 2010 (GVBl. S. 301), BS 224-10, wird wie folgt geändert:
In § 3 Abs. 1 Satz 2 wird das Wort „Landesinformationsfreiheitsgesetz" durch das Wort „Transparenzgesetz Rheinland-Pfalz" ersetzt.

§ 27
Änderung des Landesarchivgesetzes

Das Landesarchivgesetz vom 5. Oktober 1990 (GVBl. S. 277), zuletzt geändert durch Artikel 1 des Gesetzes vom 28. September 2010 (GVBl. S. 301), BS 224-10, wird wie folgt geändert:
In § 3 Abs. 1 Satz 2 wird das Wort „Landesinformationsfreiheitsgesetz" durch *die Worte „Landestransparenzgesetz vom 27. November 2015 (GVBl. S. 383, BS 2010-10) in der jeweils geltenden Fassung"* ersetzt.

§ 28
Änderung des Landeswassergesetzes

Das Landeswassergesetz vom 5. Oktober 2007 (GVBl. 2004, 54), zuletzt geändert durch Artikel 2 des Gesetzes vom 23. November 2011 (GVBl. S. 402), BS 75-50, wird wie folgt geändert:
1. § 24 a Abs. 4 Satz 2 erhält folgende Fassung:
„Auf Antrag wird nach den Bestimmungen des Transparenzgesetzes Rheinland-Pfalz vom ... ... (GVBl. S. ..., BS ...) in der jeweils geltenden

§ 28
Änderung des Landeswassergesetzes

Das Landeswassergesetz vom *14. Juli 2015 (GVBl. S. 127), BS 75-50, wird wie folgt geändert:*
1. *§ 85 Abs. 3 Satz 3 erhält folgende Fassung:*
„Der Zugang zu Hintergrunddokumenten und -informationen im Sinne des § 83 Abs. 4 Satz 3 WHG erfolgt nach den Bestimmungen über den Informationszugang auf Antrag und entgegenstehende Belange gemäß

Fassung auch Zugang zu Hintergrunddokumenten und -informationen, die bei der Erstellung des Entwurfs des Bewirtschaftungsplans herangezogen wurden, gewährt."	*Landes transparenzgesetz vom 27. November 2015 (GVBl. S. 383, BS 2010-10), in der jeweils geltenden Fassung."*
2. In § 119 d wird das Wort „Landesumweltinformationsgesetz" durch das Wort „Transparenzgesetz-Rheinland-Pfalz" ersetzt.	2. *In § 88 Satz 2 werden die Worte „des Landesumweltinformationsgesetzes" durch die Worte „über den Informationszugang auf Antrag und entgegenstehende Belange gemäß Landestransparenzgesetz" ersetzt.*
§ 29 Änderung des Landesgesetzes über Mitwirkungsrechte und das Verbandsklagerecht für anerkannte Tierschutzvereine	§ 29 Änderung des Landesgesetzes über Mitwirkungsrechte und das Verbandsklagerecht für anerkannte Tierschutzvereine
Das Landesgesetz über Mitwirkungsrechte und das Verbandsklagerecht für anerkannte Tierschutzvereine vom 3. April 2014 (GVBl. S. 44, BS 7833-2) wird wie folgt geändert:	Das Landesgesetz über Mitwirkungsrechte und das Verbandsklagerecht für anerkannte Tierschutzvereine vom 3. April 2014 (GVBl. S. 44), *geändert durch § 63 des Gesetzes vom 6. Oktober 2015 (GVBl. S. 283), BS 7833-2,* wird wie folgt geändert:
§ 1 Abs. 5 Satz 2 erhält folgende Fassung: „Auf das Verfahren und die Ablehnungs- und Beschränkungsgründe finden die §§ 5 und 11 bis 17 des Transparenzgesetzes Rheinland-Pfalz vom … … … (GVBl. S. …, BS …) in der jeweils geltenden Fassung entsprechende Anwendung."	§ 1 Abs. 5 Satz 2 erhält folgende Fassung: „Auf das Verfahren und die Ablehnungs- und Beschränkungsgründe finden die §§ 5 und 11 bis 17 des Landestransparenzgesetzes vom *27. November 2015 (GVBl. S. 383, BS 2010-10)* in der jeweils geltenden Fassung entsprechende Anwendung."

§ 30
Inkrafttreten

§ 30
Inkrafttreten

Das Gesetz tritt am Tage nach der Verkündung in Kraft. Gleichzeitig treten das Landesinformationsfreiheitsgesetz vom 26. November 2008 (GVBl. S. 296), geändert durch Artikel 1 des Gesetzes vom 20. Dezember 2011 (GVBl. S. 427), BS 2010-10, und das Landesumweltinformationsgesetz vom 19. Oktober 2005 (GVBl. S. 484, BS 2129-7) außer Kraft.

(1) *Dieses Gesetz tritt am 1. Januar 2016 in Kraft.*
(2) *Gleichzeitig treten, vorbehaltlich der Regelung in § 26 Abs. 5, außer Kraft:*
1. das Landesinformationsfreiheitsgesetz vom 26. November 2008 (GVBl. S. 296), geändert durch Artikel 1 des Gesetzes vom 20. Dezember 2011 (GVBl. S. 427), BS 2010-10,
2. das Landesumweltinformationsgesetz vom 19. Oktober 2005 (GVBl. S. 484, BS 2129-7).

Rechtspolitisches Symposium
Legal Policy Symposium

Herausgegeben im Institut für Rechtspolitik an der Universität Trier
von Alexander Proelß, Thomas Raab und Gerhard Robbers

Band 1 Bernd von Hoffmann (ed.): Towards a Common European Immigration Policy. Reports and Discussions of a Symposium held in Trier on October 24th and 25th, 2002. 2003.

Band 2 Bernd von Hoffmann (ed.): Global Governance. Reports and Discussions of a Symposium held in Trier on October 9th and 10th, 2003. 2004.

Band 3 Gerhard Robbers (ed.): Reforming Federalism – Foreign Experiences for a Reform in Germany. Reports of a Symposium held in Trier on December 2nd to 4th, 2004 hosted by the Institute for Legal Policy at the University of Trier in Cooperation with the German Bundesrat. 2005.

Band 4 Gerhard Robbers / Dieter C. Umbach / Klaus-Eckart Gebauer (Hrsg.): Innere Sicherheit, Menschenwürde, Gentechnologie. Kolloquium aus Anlass des 80. Geburtstages von Ernst Benda am 22. Januar 2005 in Trier, veranstaltet vom Institut für Rechtspolitik an der Universität Trier und den Professoren Dr. Gerhard Robbers (Trier), Dr. Dieter C. Umbach (Potsdam), Dr. Klaus-Eckart Gebauer (Mainz) in Zusammenarbeit mit dem Landtag Rheinland-Pfalz. 2005.

Band 5 Bernd von Hoffmann (Hrsg.): Rechtspolitische Herausforderungen. Kolloquium anlässlich des 75. Geburtstages von Ministerpräsident a.D. Dr. Carl-Ludwig Wagner. 2005.

Band 6 Joachim Mertes / Gerhard Robbers (Hrsg.): Antworten auf den internationalen Terrorismus. Gewährleistung der Inneren Sicherheit durch Bund und Länder. Mit Beiträgen von Manfred Baldus, Wolfgang Bosbach, Paul Dubois, Rüdiger Freiherr von Fritsch, Joachim Mertes, Wolf Plesmann, Gerhard Robbers, Dieter Wiefelspütz und Heinrich Amadeus Wolff. 2007.

Band 7 Bernd von Hoffmann (Hrsg.): Universalität der Menschenrechte. Kulturelle Pluralität. 2009.

Band 8 Katharina Knüppel: Religionsfreiheit und Apostasie in islamisch geprägten Staaten. 2010.

Band 9 Johan D. van der Vyver: Implementation of International Law in the United States. 2010.

Band 10 Michael Rahe: Begriff und Bedeutung der Staatspraxis in der Rechtsprechung des Bundesverfassungsgerichts. 2011.

Band 11 Kathrin Luise Lang: Das Antiterrordateigesetz. Zusammenarbeit von Polizei und Nachrichtendiensten im Lichte des Trennungsgebotes. 2011.

Band 12 Christoph Streiß: Das Trennungsgebot zwischen Polizei und Nachrichtendiensten. Im Lichte aktueller Herausforderungen des Sicherheitsrechts. 2011.

Band 13 Bernd von Hoffmann / Gerhard Robbers (Hrsg.): Demografischer Wandel in Rheinland-Pfalz. Auswirkungen, Herausforderungen und Perspektiven. Mit Beiträgen von Heinz Georg Bamberger, Jörg Berres, Hans-Jörg Duppré, Bernd von Hoffmann, Josef Peter Mertes, Georg Müller-Fürstenberger, Gerhard Robbers, Hubert Schnabel, Rainer Wilhelm. 2011.

Band 14 Juan Ferreiro: Islam and State in the EU. Church-State Relationships, Reality of Islam, Imams Training Centres. 2011.

Band 15 Ying-Chu Wu: Die Parteienfinanzierung in Taiwan und in Deutschland. 2012.

Band 16 Robert Schiller: Die verfassungsrechtliche Begrenzung der Staatsverschuldung. Herausforderungen an die „Schuldenbremse". 2013.

Band 17 Jens Kleinschmidt / Herbert Kronke / Thomas Raab / Gerhard Robbers / Karsten Thorn (Hrsg.): Strukturelle Ungleichgewichtslagen in der internationalen Streitbeilegung. Symposium in Gedenken an Bernd von Hoffmann. 2016.

Band 18 Thomas Raab / Gerhard Robbers (Hrsg.): Transparenzgesetz für Rheinland-Pfalz. Tagung anlässlich des 15-jährigen Bestehens des Instituts für Rechtspolitik an der Universität Trier. 2016.

www.peterlang.com

www.ingramcontent.com/pod-product-compliance
Ingram Content Group UK Ltd.
Pitfield, Milton Keynes, MK11 3LW, UK
UKHW021829210426
5322IPUK00004B/89